HINDI
WOORDENSCHAT

THEMATISCHE WOORDENLIJST

NEDERLANDS HINDI

De meest bruikbare woorden
Om uw woordenschat uit te breiden en
uw taalvaardigheid aan te scherpen

5000 woorden

Thematische woordenschat Nederlands-Hindi - 5000 woorden
Door Andrey Taranov

Woordenlijsten van T&P Books zijn bedoeld om u woorden van een vreemde taal te helpen leren, onthouden, en bestudering. Dit woordenboek is ingedeeld in thema's en behandelt alle belangrijk terreinen van het dagelijkse leven, bedrijven, wetenschap, cultuur, etc.

Het proces van het leren van woorden met behulp van de op thema's gebaseerde aanpak van T&P Books biedt u de volgende voordelen:

- Correct gegroepeerde informatie is bepalend voor succes bij opeenvolgende stadia van het leren van woorden
- De beschikbaarheid van woorden die van dezelfde stam zijn maakt het mogelijk om woordgroepen te onthouden (in plaats van losse woorden)
- Kleine groepen van woorden faciliteren het proces van het aanmaken van associatieve verbindingen, die nodig zijn bij het consolideren van de woordenschat
- Het niveau van talenkennis kan worden ingeschat door het aantal geleerde woorden

Copyright © 2016 T&P Books Publishing

Alle rechten voorbehouden. Niets uit deze uitgave mag worden verveelvoudigd, opgeslagen in een geautomatiseerd gegevensbestand en/of openbaar gemaakt in enige vorm of op enige wijze, hetzij elektronisch, mechanisch, door fotokopieën, opnamen of op enige andere manier zonder voorafgaande schriftelijke toestemming van de uitgever. U mag dit boek niet verspreiden in welk formaat dan ook.

T&P Books Publishing
www.tpbooks.com

ISBN: 978-1-78616-550-3

Dit boek is ook beschikbaar in e-boek formaat.
Gelieve www.tpbooks.com te bezoeken of de belangrijkste online boekwinkels.

HINDI WOORDENSCHAT
nieuwe woorden leren

T&P Books woordenlijsten zijn bedoeld om u te helpen vreemde woorden te leren, te onthouden, en te bestuderen. De woordenschat bevat meer dan 5000 veel gebruikte woorden die thematisch geordend zijn.

- De woordenlijst bevat de meest gebruikte woorden
- Aanbevolen als aanvulling bij welke taalcursus dan ook
- Voldoet aan de behoeften van de beginnende en gevorderde student in vreemde talen
- Geschikt voor dagelijks gebruik, bestudering en zelftestactiviteiten
- Maakt het mogelijk om uw woordenschat te evalueren

Bijzondere kenmerken van de woordenschat

- De woorden zijn gerangschikt naar hun betekenis, niet volgens alfabet
- De woorden worden weergegeven in drie kolommen om bestudering en zelftesten te vergemakkelijken
- Woorden in groepen worden verdeeld in kleine blokken om het leerproces te vergemakkelijken
- De woordenschat biedt een handige en eenvoudige beschrijving van elk buitenlands woord

De woordenschat bevat 155 onderwerpen zoals:

Basisconcepten, getallen, kleuren, maanden, seizoenen, meeteenheden, kleding en accessoires, eten & voeding, restaurant, familieleden, verwanten, karakter, gevoelens, emoties, ziekten, stad, dorp, bezienswaardigheden, winkelen, geld, huis, thuis, kantoor, werken op kantoor, import & export, marketing, werk zoeken, sport, onderwijs, computer, internet, gereedschap, natuur, landen, nationaliteiten en meer ...

INHOUDSOPGAVE

Uitspraakgids	9
Afkortingen	11
BASISBEGRIPPEN	12
Basisbegrippen Deel 1	12
1. Voornaamwoorden	12
2. Begroetingen. Begroetingen. Afscheid	12
3. Hoe aan te spreken	13
4. Kardinale getallen. Deel 1	13
5. Kardinale getallen. Deel 2	14
6. Ordinale getallen	15
7. Getallen. Breuken	15
8. Getallen. Eenvoudige berekeningen	15
9. Getallen. Diversen	15
10. De belangrijkste werkwoorden. Deel 1	16
11. De belangrijkste werkwoorden. Deel 2	17
12. De belangrijkste werkwoorden. Deel 3	18
13. De belangrijkste werkwoorden. Deel 4	19
14. Kleuren	20
15. Vragen	20
16. Voorzetsels	21
17. Functiewoorden. Bijwoorden. Deel 1	21
18. Functiewoorden. Bijwoorden. Deel 2	23
Basisbegrippen Deel 2	25
19. Dagen van de week	25
20. Uren. Dag en nacht	25
21. Maanden. Seizoenen	26
22. Meeteenheden	28
23. Containers	29
MENS	30
Mens. Het lichaam	30
24. Hoofd	30
25. Menselijk lichaam	31
Kleding en accessoires	32
26. Bovenkleding. Jassen	32
27. Heren & dames kleding	32

28. Kleding. Ondergoed 33
29. Hoofddeksels 33
30. Schoeisel 33
31. Persoonlijke accessoires 34
32. Kleding. Diversen 34
33. Persoonlijke verzorging. Schoonheidsmiddelen 35
34. Horloges. Klokken 36

Voedsel. Voeding 37

35. Voedsel 37
36. Drankjes 38
37. Groenten 39
38. Vruchten. Noten 40
39. Brood. Snoep 41
40. Bereide gerechten 41
41. Kruiden 42
42. Maaltijden 43
43. Tafelschikking 43
44. Restaurant 44

Familie, verwanten en vrienden 45

45. Persoonlijke informatie. Formulieren 45
46. Familieleden. Verwanten 45

Geneeskunde 47

47. Ziekten 47
48. Symptomen. Behandelingen. Deel 1 48
49. Symptomen. Behandelingen. Deel 2 49
50. Symptomen. Behandelingen. Deel 3 50
51. Artsen 51
52. Geneeskunde. Medicijnen. Accessoires 51

HET MENSELIJKE LEEFGEBIED 52
Stad 52

53. Stad. Het leven in de stad 52
54. Stedelijke instellingen 53
55. Borden 54
56. Stedelijk vervoer 55
57. Bezienswaardigheden 56
58. Winkelen 57
59. Geld 58
60. Post. Postkantoor 59

Woning. Huis. Thuis 60

61. Huis. Elektriciteit 60

62. Villa. Herenhuis	60
63. Appartement	60
64. Meubels. Interieur	61
65. Beddengoed	62
66. Keuken	62
67. Badkamer	63
68. Huishoudelijke apparaten	64

MENSELIJKE ACTIVITEITEN 65
Baan. Business. Deel 1 65

69. Kantoor. Op kantoor werken	65
70. Bedrijfsprocessen. Deel 1	66
71. Bedrijfsprocessen. Deel 2	67
72. Productie. Werken	68
73. Contract. Overeenstemming	69
74. Import & Export	70
75. Financiën	70
76. Marketing	71
77. Reclame	71
78. Bankieren	72
79. Telefoon. Telefoongesprek	73
80. Mobiele telefoon	73
81. Schrijfbehoeften	74
82. Soorten bedrijven	74

Baan. Business. Deel 2 77

83. Show. Tentoonstelling	77
84. Wetenschap. Onderzoek. Wetenschappers	78

Beroepen en ambachten 79

85. Zoeken naar werk. Ontslag	79
86. Zakenmensen	79
87. Dienstverlenende beroepen	80
88. Militaire beroepen en rangen	81
89. Ambtenaren. Priesters	82
90. Agrarische beroepen	82
91. Kunst beroepen	83
92. Verschillende beroepen	83
93. Beroepen. Sociale status	85

Onderwijs 86

94. School	86
95. Hogeschool. Universiteit	87
96. Wetenschappen. Disciplines	88
97. Schrift. Spelling	88
98. Vreemde talen	89

Rusten. Entertainment. Reizen 91

99. Trip. Reizen 91
100. Hotel 91

TECHNISCHE APPARATUUR. VERVOER 93
Technische apparatuur 93

101. Computer 93
102. Internet. E-mail 94
103. Elektriciteit 95
104. Gereedschappen 95

Vervoer 98

105. Vliegtuig 98
106. Trein 99
107. Schip 100
108. Vliegveld 101

Gebeurtenissen in het leven 103

109. Vakanties. Evenement 103
110. Begrafenissen. Begrafenis 104
111. Oorlog. Soldaten 104
112. Oorlog. Militaire acties. Deel 1 105
113. Oorlog. Militaire acties. Deel 2 107
114. Wapens 108
115. Oude mensen 110
116. Middeleeuwen 110
117. Leider. Baas. Autoriteiten 112
118. De wet overtreden. Criminelen. Deel 1 113
119. De wet overtreden. Criminelen. Deel 2 114
120. Politie. Wet. Deel 1 115
121. Politie. Wet. Deel 2 116

NATUUR 118
De Aarde. Deel 1 118

122. De kosmische ruimte 118
123. De Aarde 119
124. Windrichtingen 120
125. Zee. Oceaan 120
126. Namen van zeeën en oceanen 121
127. Bergen 122
128. Bergen namen 123
129. Rivieren 123
130. Namen van rivieren 124
131. Bos 124
132. Natuurlijke hulpbronnen 125

De Aarde. Deel 2 127

133. Weer 127
134. Zwaar weer. Natuurrampen 128

Fauna 129

135. Zoogdieren. Roofdieren 129
136. Wilde dieren 129
137. Huisdieren 130
138. Vogels 131
139. Vis. Zeedieren 133
140. Amfibieën. Reptielen 133
141. Insecten 134

Flora 135

142. Bomen 135
143. Heesters 135
144. Vruchten. Bessen 136
145. Bloemen. Planten 137
146. Granen, graankorrels 138

LANDEN. NATIONALITEITEN 139

147. West-Europa 139
148. Centraal- en Oost-Europa 139
149. Voormalige USSR landen 140
150. Azië 140
151. Noord-Amerika 141
152. Midden- en Zuid-Amerika 141
153. Afrika 142
154. Australië. Oceanië 142
155. Steden 142

UITSPRAAKGIDS

Letter	Hindi voorbeeld	T&P fonetisch alfabet	Nederlands voorbeeld

Klinkers

अ	अक्सर	[a]; [ɑ], [ə]	acht; formule
आ	आगमन	[a:]	aan, maart
इ	इनाम	[i]	bidden, tint
ई	ईश्वर	[i], [i:]	bidden, lila
उ	उठना	[ʊ]	hoed, doe
ऊ	ऊपर	[u:]	fuut, uur
ऋ	ऋग्वेद	[r, rʲ]	bericht
ए	एकता	[e:]	twee, ongeveer
ऐ	ऐनक	[aj]	byte, majoor
ओ	ओला	[o:]	rood, knoop
औ	औरत	[au]	blauw
अं	अंजीर	[n]	optelling, jongeman
अः	अ से अः	[h]	het, herhalen
ऑं	ऑफिस	[ɒ]	Fries - 'hanne'

Medeklinkers

क	कमरा	[k]	kennen, kleur
ख	खिड़की	[kh]	deukhoed, Stockholm
ग	गरज	[g]	goal, tango
घ	घर	[gh]	[g] met aspiratie
ङ	डाकू	[n]	optelling, jongeman
च	चक्कर	[tʃ]	Tsjechië, cello
छ	छात्र	[tʃh]	aspiraat [tsch]
ज	जाना	[dʒ]	jeans, jungle
झ	झलक	[dʒ]	jeans, jungle
ञ	विज्ञान	[ɲ]	cognac, nieuw
ट	मटर	[t]	tomaat, taart
ठ	ठेका	[th]	luchthaven, stadhuis
ड	डंडा	[d]	Dank u, honderd
ढ	ढलान	[d]	Dank u, honderd
ण	क्षण	[n]	De retroflexe nasaal
त	ताकत	[t]	tomaat, taart
थ	थकना	[th]	luchthaven, stadhuis
द	दरवाज़ा	[d]	Dank u, honderd
ध	धोना	[d]	Dank u, honderd
न	नाई	[n]	nemen, zonder

Letter	Hindi voorbeeld	T&P fonetisch alfabet	Nederlands voorbeeld
प	पिता	[p]	parallel, koper
फ	फल	[f]	feestdag, informeren
ब	बच्चा	[b]	hebben
भ	भाई	[b]	hebben
म	माता	[m]	morgen, etmaal
य	याद	[j]	New York, januari
र	रीछ	[r]	roepen, breken
ल	लाल	[l]	delen, luchter
व	वचन	[v]	beloven, schrijven
श	शिक्षक	[ʃ]	shampoo, machine
ष	भाषा	[ʃ]	shampoo, machine
स	सोना	[s]	spreken, kosten
ह	हज़ार	[h]	het, herhalen

Aanvullende medeklinkers

Letter	Hindi voorbeeld	T&P fonetisch alfabet	Nederlands voorbeeld
क़	क़लम	[q]	kennen, kleur
ख़	ख़बर	[h]	het, herhalen
ड़	लड़का	[r]	roepen, breken
ढ़	पढ़ना	[r]	roepen, breken
ग़	ग़लती	[ɣ]	liegen, gaan
ज़	ज़िन्दगी	[z]	zeven, zesde
झ़	टूझ़र	[ʒ]	journalist, rouge
फ़	फ़ौज	[f]	feestdag, informeren

AFKORTINGEN
gebruikt in de woordenschat

Nederlandse afkortingen

abn	-	als bijvoeglijk naamwoord
bijv.	-	bijvoorbeeld
bn	-	bijvoeglijk naamwoord
bw	-	bijwoord
enk.	-	enkelvoud
enz.	-	enzovoort
form.	-	formele taal
inform.	-	informele taal
mann.	-	mannelijk
mil.	-	militair
mv.	-	meervoud
on.ww.	-	onovergankelijk werkwoord
ontelb.	-	ontelbaar
ov.	-	over
ov.ww.	-	overgankelijk werkwoord
telb.	-	telbaar
vn	-	voornaamwoord
vrouw.	-	vrouwelijk
vw	-	voegwoord
vz	-	voorzetsel
wisk.	-	wiskunde
ww	-	werkwoord

Nederlandse artikelen

de	-	gemeenschappelijk geslacht
de/het	-	gemeenschappelijk geslacht, onzijdig
het	-	onzijdig

Hindi afkortingen

f	-	vrouwelijk zelfstandig naamwoord
f pl	-	vrouwelijk meervoud
m	-	mannelijk zelfstandig naamwoord
m pl	-	mannelijk meervoud

BASISBEGRIPPEN

Basisbegrippen Deel 1

1. Voornaamwoorden

ik	मैं	main
jij, je	तुम	tum
hij, zij, het	वह	vah
wij, we	हम	ham
jullie	आप	āp
zij, ze	वे	ve

2. Begroetingen. Begroetingen. Afscheid

Hallo! Dag!	नमस्कार!	namaskār!
Hallo!	नमस्ते!	namaste!
Goedemorgen!	नमस्ते!	namaste!
Goedemiddag!	नमस्ते!	namaste!
Goedenavond!	नमस्ते!	namaste!
gedag zeggen (groeten)	नमस्कार कहना	namaskār kahana
Hoi!	नमस्कार!	namaskār!
groeten (het)	अभिवादन (m)	abhivādan
verwelkomen (ww)	अभिवादन करना	abhivādan karana
Hoe gaat het?	आप कैसे हैं?	āp kaise hain?
Is er nog nieuws?	क्या हाल है?	kya hāl hai?
Dag! Tot ziens!	अलविदा!	alavida!
Tot snel! Tot ziens!	फिर मिलेंगे!	fir milenge!
Vaarwel! (inform.)	अलिवदा!	alivada!
Vaarwel! (form.)	अलविदा!	alavida!
afscheid nemen (ww)	अलविदा कहना	alavida kahana
Tot kijk!	अलविदा!	alavida!
Dank u!	धन्यवाद!	dhanyavād!
Dank u wel!	बहुत बहुत शुक्रिया!	bahut bahut shukriya!
Graag gedaan	कोई बात नहीं	koī bāt nahin
Geen dank!	कोई बात नहीं	koī bāt nahin
Geen moeite.	कोई बात नहीं	koī bāt nahin
Excuseer me, ... (inform.)	माफ़ कीजिएगा!	māf kījiega!
Excuseer me, ... (form.)	माफ़ी कीजियेगा!	māfī kījiyega!
excuseren (verontschuldigen)	माफ़ करना	māf karana
zich verontschuldigen	माफ़ी मांगना	māfī māngana
Mijn excuses.	मुझे माफ़ कीजिएगा	mujhe māf kījiega

Het spijt me!	मुझे माफ़ कीजिएगा!	mujhe māf kījiega!
vergeven (ww)	माफ़ करना	māf karana
alsjeblieft	कृप्या	krpya
Vergeet het niet!	भूलना नहीं!	bhūlana nahin!
Natuurlijk!	ज़रूर!	zarūr!
Natuurlijk niet!	बिल्कुल नहीं!	bilkul nahin!
Akkoord!	ठीक है!	thīk hai!
Zo is het genoeg!	बहुत हुआ!	bahut hua!

3. Hoe aan te spreken

meneer	श्रीमान	shrīmān
mevrouw	श्रीमती	shrīmatī
juffrouw	मैम	maim
jongeman	बेटा	beta
jongen	बेटा	beta
meisje	कुमारी	kumārī

4. Kardinale getallen. Deel 1

nul	ज़ीरो	zīro
een	एक	ek
twee	दो	do
drie	तीन	tīn
vier	चार	chār
vijf	पाँच	pānch
zes	छह	chhah
zeven	सात	sāt
acht	आठ	āth
negen	नौ	nau
tien	दस	das
elf	ग्यारह	gyārah
twaalf	बारह	bārah
dertien	तेरह	terah
veertien	चौदह	chaudah
vijftien	पन्द्रह	pandrah
zestien	सोलह	solah
zeventien	सत्रह	satrah
achttien	अठारह	athārah
negentien	उन्नीस	unnīs
twintig	बीस	bīs
eenentwintig	इक्कीस	ikkīs
tweeëntwintig	बाईस	baīs
drieëntwintig	तेईस	teīs
dertig	तीस	tīs
eenendertig	इकतीस	ikattīs

tweeëndertig	बत्तीस	battīs
drieëndertig	तैंतीस	taintīs
veertig	चालीस	chālīs
eenenveertig	इक्तालीस	iktālīs
tweeënveertig	बयालीस	bayālīs
drieënveertig	तैंतालीस	taintālīs
vijftig	पचास	pachās
eenenvijftig	इक्यावन	ikyāvan
tweeënvijftig	बावन	bāvan
drieënvijftig	तिरपन	tirapan
zestig	साठ	sāth
eenenzestig	इकसठ	ikasath
tweeënzestig	बासठ	bāsath
drieënzestig	तिरसठ	tirasath
zeventig	सत्तर	sattar
eenenzeventig	इकहत्तर	ikahattar
tweeënzeventig	बहत्तर	bahattar
drieënzeventig	तिहत्तर	tihattar
tachtig	अस्सी	assī
eenentachtig	इक्यासी	ikyāsī
tweeëntachtig	बयासी	bayāsī
drieëntachtig	तिरासी	tirāsī
negentig	नब्बे	nabbe
eenennegentig	इक्यानवे	ikyānave
tweeënnegentig	बानवे	bānave
drieënnegentig	तिरानवे	tirānave

5. Kardinale getallen. Deel 2

honderd	सौ	sau
tweehonderd	दो सौ	do sau
driehonderd	तीन सौ	tīn sau
vierhonderd	चार सौ	chār sau
vijfhonderd	पाँच सौ	pānch sau
zeshonderd	छह सौ	chhah sau
zevenhonderd	सात सो	sāt so
achthonderd	आठ सौ	āth sau
negenhonderd	नौ सौ	nau sau
duizend	एक हज़ार	ek hazār
tweeduizend	दो हज़ार	do hazār
drieduizend	तीन हज़ार	tīn hazār
tienduizend	दस हज़ार	das hazār
honderdduizend	एक लाख	ek lākh
miljoen (het)	दस लाख (m)	das lākh
miljard (het)	अरब (m)	arab

6. Ordinale getallen

eerste (bn)	पहला	pahala
tweede (bn)	दूसरा	dūsara
derde (bn)	तीसरा	tīsara
vierde (bn)	चौथा	chautha
vijfde (bn)	पाँचवाँ	pānchavān
zesde (bn)	छठा	chhatha
zevende (bn)	सातवाँ	sātavān
achtste (bn)	आठवाँ	āthavān
negende (bn)	नौवाँ	nauvān
tiende (bn)	दसवाँ	dasavān

7. Getallen. Breuken

breukgetal (het)	अपूर्णांक (m)	apūrnānk
half	आधा	ādha
een derde	एक तीहाई	ek tīhaī
kwart	एक चौथाई	ek chauthaī
een achtste	आठवां हिस्सा	āthavān hissa
een tiende	दसवां हिस्सा	dasavān hissa
twee derde	दो तिहाई	do tihaī
driekwart	पौना	pauna

8. Getallen. Eenvoudige berekeningen

aftrekking (de)	घटाव (m)	ghatāv
aftrekken (ww)	घटाना	ghatāna
deling (de)	विभाजन (m)	vibhājan
delen (ww)	विभाजित करना	vibhājit karana
optelling (de)	जोड़ (m)	jor
erbij optellen (bij elkaar voegen)	जोड़ करना	jor karana
optellen (ww)	जोड़ना	jorana
vermenigvuldiging (de)	गुणन (m)	gunan
vermenigvuldigen (ww)	गुणा करना	guna karana

9. Getallen. Diversen

cijfer (het)	अंक (m)	ank
nummer (het)	संख्या (f)	sankhya
telwoord (het)	संख्यावाचक (m)	sankhyāvāchak
minteken (het)	घटाव चिह्न (m)	ghatāv chihn
plusteken (het)	जोड़ चिह्न (m)	jor chihn
formule (de)	फ़ारमूला (m)	fāramūla
berekening (de)	गणना (f)	ganana

tellen (ww)	गिनना	ginana
bijrekenen (ww)	गिनती करना	ginatī karana
vergelijken (ww)	तुलना करना	tulana karana
Hoeveel? (ontelb.)	कितना?	kitana?
som (de), totaal (het)	कुल (m)	kul
uitkomst (de)	नतीजा (m)	natīja
rest (de)	शेष (m)	shesh
enkele (bijv. ~ minuten)	कुछ	kuchh
weinig (bw)	थोड़ा ...	thora ...
restant (het)	बाक़ी	bāqī
anderhalf	डेढ़	derh
dozijn (het)	दर्जन (m)	darjan
middendoor (bw)	दो भागों में	do bhāgon men
even (bw)	बराबर	barābar
helft (de)	आधा (m)	ādha
keer (de)	बार (m)	bār

10. De belangrijkste werkwoorden. Deel 1

aanbevelen (ww)	सिफ़ारिश करना	sifārish karana
aandringen (ww)	आग्रह करना	āgrah karana
aankomen (per auto, enz.)	पहुँचना	pahunchana
aanraken (ww)	छूना	chhūna
adviseren (ww)	सलाह देना	salāh dena
afdalen (on.ww.)	उतरना	utarana
afslaan (naar rechts ~)	मुड़ जाना	mur jāna
antwoorden (ww)	जवाब देना	javāb dena
bang zijn (ww)	डरना	darana
bedreigen (bijv. met een pistool)	धमकाना	dhamakāna
bedriegen (ww)	धोखा देना	dhokha dena
beëindigen (ww)	ख़त्म करना	khatm karana
beginnen (ww)	शुरू करना	shurū karana
begrijpen (ww)	समझना	samajhana
beheren (managen)	प्रबंधन करना	prabandhan karana
beledigen (met scheldwoorden)	अपमान करना	apamān karana
beloven (ww)	वचन देना	vachan dena
bereiden (koken)	खाना बनाना	khāna banāna
bespreken (spreken over)	चर्चा करना	charcha karana
bestellen (eten ~)	ऑर्डर करना	ordar karana
bestraffen (een stout kind ~)	सज़ा देना	saza dena
betalen (ww)	दाम चुकाना	dām chukāna
betekenen (beduiden)	अर्थ होना	arth hona
betreuren (ww)	अफ़सोस जताना	afasos jatāna
bevallen (prettig vinden)	पसंद करना	pasand karana
bevelen (mil.)	हुक्म देना	hukm dena

bevrijden (stad, enz.)	आज़ाद करना	āzād karana
bewaren (ww)	रखना	rakhana
bezitten (ww)	मालिक होना	mālik hona
bidden (praten met God)	दुआ देना	dua dena
binnengaan (een kamer ~)	अंदर आना	andar āna
breken (ww)	तोड़ना	torana
controleren (ww)	नियंत्रित करना	niyantrit karana
creëren (ww)	बनाना	banāna
deelnemen (ww)	भाग लेना	bhāg lena
denken (ww)	सोचना	sochana
doden (ww)	मार डालना	mār dālana
doen (ww)	करना	karana
dorst hebben (ww)	प्यास लगना	pyās lagana

11. De belangrijkste werkwoorden. Deel 2

een hint geven	इशारा करना	ishāra karana
eisen (met klem vragen)	माँगना	māngana
existeren (bestaan)	होना	hona
gaan (te voet)	जाना	jāna
gaan zitten (ww)	बैठना	baithana
gaan zwemmen	तैरना	tairana
geven (ww)	देना	dena
glimlachen (ww)	मुस्कुराना	muskurāna
goed raden (ww)	अंदाज़ा लगाना	andāza lagāna
grappen maken (ww)	मज़ाक करना	mazāk karana
graven (ww)	खोदना	khodana
hebben (ww)	होना	hona
helpen (ww)	मदद करना	madad karana
herhalen (opnieuw zeggen)	दोहराना	doharāna
honger hebben (ww)	भूख लगना	bhūkh lagana
hopen (ww)	आशा करना	āsha karana
horen (waarnemen met het oor)	सुनना	sunana
huilen (wenen)	रोना	rona
huren (huis, kamer)	किराए पर लेना	kirae par lena
informeren (informatie geven)	खबर देना	khabar dena
instemmen (akkoord gaan)	राज़ी होना	rāzī hona
jagen (ww)	शिकार करना	shikār karana
kennen (kennis hebben van iemand)	जानना	jānana
kiezen (ww)	चुनना	chunana
klagen (ww)	शिकायत करना	shikāyat karana
kosten (ww)	दाम होना	dām hona
kunnen (ww)	सकना	sakana
lachen (ww)	हंसना	hansana

| laten vallen (ww) | गिराना | girāna |
| lezen (ww) | पढ़ना | parhana |

liefhebben (ww)	प्यार करना	pyār karana
lunchen (ww)	दोपहर का भोजन करना	dopahar ka bhojan karana
nemen (ww)	लेना	lena
nodig zijn (ww)	आवश्यक होना	āvashyak hona

12. De belangrijkste werkwoorden. Deel 3

onderschatten (ww)	कम मूल्यांकन करना	kam mūlyānkan karana
ondertekenen (ww)	हस्ताक्षर करना	hastākshar karana
ontbijten (ww)	नाश्ता करना	nāshta karana
openen (ww)	खोलना	kholana
ophouden (ww)	बंद करना	band karana
opmerken (zien)	देखना	dekhana

opscheppen (ww)	डींग मारना	dīng mārana
opschrijven (ww)	लिख लेना	likh lena
plannen (ww)	योजना बनाना	yojana banāna
prefereren (verkiezen)	तरजीह देना	tarajīh dena
proberen (trachten)	कोशिश करना	koshish karana
redden (ww)	बचाना	bachāna

rekenen op ...	भरोसा रखना	bharosa rakhana
rennen (ww)	दौड़ना	daurana
reserveren (een hotelkamer ~)	बुक करना	buk karana
roepen (om hulp)	बुलाना	bulāna

| schieten (ww) | गोली चलाना | golī chalāna |
| schreeuwen (ww) | चिल्लाना | chillāna |

schrijven (ww)	लिखना	likhana
souperen (ww)	रात्रिभोज करना	rātribhoj karana
spelen (kinderen)	खेलना	khelana
spreken (ww)	बोलना	bolana

| stelen (ww) | चुराना | churāna |
| stoppen (pauzeren) | रुकना | rukana |

studeren (Nederlands ~)	पढ़ाई करना	parhaī karana
sturen (zenden)	भेजना	bhejana
tellen (optellen)	गिनना	ginana
toebehoren ...	स्वामी होना	svāmī hona

| toestaan (ww) | अनुमति देना | anumati dena |
| tonen (ww) | दिखाना | dikhāna |

twijfelen (onzeker zijn)	शक करना	shak karana
uitgaan (ww)	बाहर जाना	bāhar jāna
uitnodigen (ww)	आमंत्रित करना	āmantrit karana
uitspreken (ww)	उच्चारण करना	uchchāran karana
uitvaren tegen (ww)	डाँटना	dāntana

13. De belangrijkste werkwoorden. Deel 4

vallen (ww)	गिरना	girana
vangen (ww)	पकड़ना	pakarana
veranderen (anders maken)	बदलना	badalana
verbaasd zijn (ww)	हैरान होना	hairān hona
verbergen (ww)	छिपाना	chhipāna
verdedigen (je land ~)	रक्षा करना	raksha karana
verenigen (ww)	संयुक्त करना	sanyukt karana
vergelijken (ww)	तुलना करना	tulana karana
vergeten (ww)	भूलना	bhūlana
vergeven (ww)	क्षमा करना	kshama karana
verklaren (uitleggen)	समझाना	samajhāna
verkopen (per stuk ~)	बेचना	bechana
vermelden (praten over)	उल्लेख करना	ullekh karana
versieren (decoreren)	सजाना	sajāna
vertalen (ww)	अनुवाद करना	anuvād karana
vertrouwen (ww)	यकीन करना	yakīn karana
vervolgen (ww)	जारी रखना	jārī rakhana
verwarren (met elkaar ~)	गड़बड़ा जाना	garabara jāna
verzoeken (ww)	माँगना	māngana
verzuimen (school, enz.)	ग़ैर-हाज़िर होना	gair-hāzir hona
vinden (ww)	ढूँढना	dhūrhana
vliegen (ww)	उड़ना	urana
volgen (ww)	पीछे चलना	pīchhe chalana
voorstellen (ww)	प्रस्ताव रखना	prastāv rakhana
voorzien (verwachten)	उम्मीद करना	ummīd karana
vragen (ww)	पूछना	pūchhana
waarnemen (ww)	देखना	dekhana
waarschuwen (ww)	चेतावनी देना	chetāvanī dena
wachten (ww)	इंतज़ार करना	intazār karana
weerspreken (ww)	एतराज़ करना	etarāz karana
weigeren (ww)	इन्कार करना	inkār karana
werken (ww)	काम करना	kām karana
weten (ww)	मालूम होना	mālūm hona
willen (verlangen)	चाहना	chāhana
zeggen (ww)	कहना	kahana
zich haasten (ww)	जल्दी करना	jaldī karana
zich interesseren voor ...	रुचि लेना	ruchi lena
zich vergissen (ww)	ग़लती करना	galatī karana
zich verontschuldigen	माफ़ी मांगना	māfī māngana
zien (ww)	देखना	dekhana
zijn (ww)	होना	hona
zoeken (ww)	तलाश करना	talāsh karana
zwemmen (ww)	तैरना	tairana
zwijgen (ww)	चुप रहना	chup rahana

14. Kleuren

kleur (de)	रंग (m)	rang
tint (de)	रंग (m)	rang
kleurnuance (de)	रंग (m)	rang
regenboog (de)	इन्द्रधनुष (f)	indradhanush
wit (bn)	सफ़ेद	safed
zwart (bn)	काला	kāla
grijs (bn)	धूसर	dhūsar
groen (bn)	हरा	hara
geel (bn)	पीला	pīla
rood (bn)	लाल	lāl
blauw (bn)	नीला	nīla
lichtblauw (bn)	हल्का नीला	halka nīla
roze (bn)	गुलाबी	gulābī
oranje (bn)	नारंगी	nārangī
violet (bn)	बैंगनी	bainganī
bruin (bn)	भूरा	bhūra
goud (bn)	सुनहरा	sunahara
zilverkleurig (bn)	चांदी-जैसा	chāndī-jaisa
beige (bn)	हल्का भूरा	halka bhūra
roomkleurig (bn)	क्रीम	krīm
turkoois (bn)	फ़ीरोज़ी	fīrozī
kersrood (bn)	चेरी जैसा लाल	cherī jaisa lāl
lila (bn)	हल्का बैंगनी	halka bainganī
karmijnrood (bn)	गहरा लाल	gahara lāl
licht (bn)	हल्का	halka
donker (bn)	गहरा	gahara
fel (bn)	चमकीला	chamakīla
kleur-, kleurig (bn)	रंगीन	rangīn
kleuren- (abn)	रंगीन	rangīn
zwart-wit (bn)	काला-सफ़ेद	kāla-safed
eenkleurig (bn)	एक रंग का	ek rang ka
veelkleurig (bn)	बहुरंगी	bahurangī

15. Vragen

Wie?	कौन?	kaun?
Wat?	क्या?	kya?
Waar?	कहाँ?	kahān?
Waarheen?	किधर?	kidhar?
Waar ... vandaan?	कहाँ से?	kahān se?
Wanneer?	कब?	kab?
Waarom?	क्यों?	kyon?
Waarom?	क्यों?	kyon?
Waarvoor dan ook?	किस लिये?	kis liye?

Hoe?	कैसे?	kaise?
Wat voor …?	कौन-सा?	kaun-sa?
Welk?	कौन-सा?	kaun-sa?
Aan wie?	किसको?	kisako?
Over wie?	किसके बारे में?	kisake bāre men?
Waarover?	किसके बारे में?	kisake bāre men?
Met wie?	किसके?	kisake?
Hoeveel?	कितना?	kitana?
Van wie? (mann.)	किसका?	kisaka?

16. Voorzetsels

met (bijv. ~ beleg)	के साथ	ke sāth
zonder (~ accent)	के बिना	ke bina
naar (in de richting van)	की तरफ़	kī taraf
over (praten ~)	के बारे में	ke bāre men
voor (in tijd)	के पहले	ke pahale
voor (aan de voorkant)	के सामने	ke sāmane
onder (lager dan)	के नीचे	ke nīche
boven (hoger dan)	के ऊपर	ke ūpar
op (bovenop)	पर	par
van (uit, afkomstig van)	से	se
van (gemaakt van)	से	se
over (bijv. ~ een uur)	में	men
over (over de bovenkant)	के ऊपर चढ़कर	ke ūpar charhakar

17. Functiewoorden. Bijwoorden. Deel 1

Waar?	कहाँ?	kahān?
hier (bw)	यहाँ	yahān
daar (bw)	वहां	vahān
ergens (bw)	कहीं	kahīn
nergens (bw)	कहीं नहीं	kahīn nahin
bij … (in de buurt)	के पास	ke pās
bij het raam	खिड़की के पास	khirakī ke pās
Waarheen?	किधर?	kidhar?
hierheen (bw)	इधर	idhar
daarheen (bw)	उधर	udhar
hiervandaan (bw)	यहां से	yahān se
daarvandaan (bw)	वहां से	vahān se
dichtbij (bw)	पास	pās
ver (bw)	दूर	dūr
in de buurt (van …)	निकट	nikat
vlakbij (bw)	पास	pās

niet ver (bw)	दूर नहीं	dūr nahin
linker (bn)	बायाँ	bāyān
links (bw)	बायीं तरफ़	bāyīn taraf
linksaf, naar links (bw)	बायीं तरफ़	bāyīn taraf
rechter (bn)	दायां	dāyān
rechts (bw)	दायीं तरफ़	dāyīn taraf
rechtsaf, naar rechts (bw)	दायीं तरफ़	dāyīn taraf
vooraan (bw)	सामने	sāmane
voorste (bn)	सामने का	sāmane ka
vooruit (bw)	आगे	āge
achter (bw)	पीछे	pīchhe
van achteren (bw)	पीछे से	pīchhe se
achteruit (naar achteren)	पीछे	pīchhe
midden (het)	बीच (m)	bīch
in het midden (bw)	बीच में	bīch men
opzij (bw)	कोने में	kone men
overal (bw)	सभी	sabhī
omheen (bw)	आस-पास	ās-pās
binnenuit (bw)	अंदर से	andar se
naar ergens (bw)	कहीं	kahīn
rechtdoor (bw)	सीधे	sīdhe
terug (bijv. ~ komen)	वापस	vāpas
ergens vandaan (bw)	कहीं से भी	kahīn se bhī
ergens vandaan (en dit geld moet ~ komen)	कहीं से	kahīn se
ten eerste (bw)	पहले	pahale
ten tweede (bw)	दूसरा	dūsara
ten derde (bw)	तीसरा	tīsara
plotseling (bw)	अचानक	achānak
in het begin (bw)	शुरू में	shurū men
voor de eerste keer (bw)	पहली बार	pahalī bār
lang voor ... (bw)	बहुत समय पहले ...	bahut samay pahale ...
opnieuw (bw)	नई शुरूआत	naī shurūāt
voor eeuwig (bw)	हमेशा के लिए	hamesha ke lie
nooit (bw)	कभी नहीं	kabhī nahin
weer (bw)	फिर से	fir se
nu (bw)	अब	ab
vaak (bw)	अकसर	akasar
toen (bw)	तब	tab
urgent (bw)	तत्काल	tatkāl
meestal (bw)	आमतौर पर	āmataur par
trouwens, ... (tussen haakjes)	प्रसंगवश	prasangavash
mogelijk (bw)	मुमकिन	mumakin
waarschijnlijk (bw)	संभव	sambhav

misschien (bw)	शायद	shāyad
trouwens (bw)	इस के अलावा	is ke alāva
daarom ...	इस लिए	is lie
in weerwil van ...	फिर भी ...	fir bhī ...
dankzij ...	... की मेहरबानी से	... kī meharabānī se
wat (vn)	क्या	kya
dat (vw)	कि	ki
iets (vn)	कुछ	kuchh
iets	कुछ भी	kuchh bhī
niets (vn)	कुछ नहीं	kuchh nahin
wie (~ is daar?)	कौन	kaun
iemand (een onbekende)	कोई	koī
iemand (een bepaald persoon)	कोई	koī
niemand (vn)	कोई नहीं	koī nahin
nergens (bw)	कहीं नहीं	kahīn nahin
niemands (bn)	किसी का नहीं	kisī ka nahin
iemands (bn)	किसी का	kisī ka
zo (Ik ben ~ blij)	कितना	kitana
ook (evenals)	भी	bhī
alsook (eveneens)	भी	bhī

18. Functiewoorden. Bijwoorden. Deel 2

Waarom?	क्यों?	kyon?
om een bepaalde reden	किसी कारणवश	kisī kāranavash
omdat ...	क्यों कि ...	kyon ki ...
voor een bepaald doel	किसी वजह से	kisī vajah se
en (vw)	और	aur
of (vw)	या	ya
maar (vw)	लेकिन	lekin
voor (vz)	के लिए	ke lie
te (~ veel mensen)	ज़्यादा	zyāda
alleen (bw)	सिर्फ़	sirf
precies (bw)	ठीक	thīk
ongeveer (~ 10 kg)	करीब	karīb
omstreeks (bw)	लगभग	lagabhag
bij benadering (bn)	अनुमानित	anumānit
bijna (bw)	करीब	karīb
rest (de)	बाक़ी	bāqī
elk (bn)	हर एक	har ek
om het even welk	कोई	koī
veel (grote hoeveelheid)	बहुत	bahut
veel mensen	बहुत लोग	bahut log
iedereen (alle personen)	सभी	sabhī
in ruil voor ...	... के बदले में	... ke badale men

in ruil (bw)	की जगह	kī jagah
met de hand (bw)	हाथ से	hāth se
onwaarschijnlijk (bw)	शायद ही	shāyad hī
waarschijnlijk (bw)	शायद	shāyad
met opzet (bw)	जानबूझकर	jānabūjhakar
toevallig (bw)	संयोगवश	sanyogavash
zeer (bw)	बहुत	bahut
bijvoorbeeld (bw)	उदाहरण के लिए	udāharan ke lie
tussen (~ twee steden)	के बीच	ke bīch
tussen (te midden van)	में	men
zoveel (bw)	इतना	itana
vooral (bw)	ख़ासतौर पर	khāsataur par

Basisbegrippen Deel 2

19. Dagen van de week

maandag (de)	सोमवार (m)	somavār
dinsdag (de)	मंगलवार (m)	mangalavār
woensdag (de)	बुधवार (m)	budhavār
donderdag (de)	गुरूवार (m)	gurūvār
vrijdag (de)	शुक्रवार (m)	shukravār
zaterdag (de)	शनिवार (m)	shanivār
zondag (de)	रविवार (m)	ravivār
vandaag (bw)	आज	āj
morgen (bw)	कल	kal
overmorgen (bw)	परसों	parason
gisteren (bw)	कल	kal
eergisteren (bw)	परसों	parason
dag (de)	दिन (m)	din
werkdag (de)	कार्यदिवस (m)	kāryadivas
feestdag (de)	सार्वजनिक छुट्टी (f)	sārvajanik chhuttī
verlofdag (de)	छुट्टी का दिन (m)	chhuttī ka din
weekend (het)	सप्ताहांत (m)	saptāhānt
de hele dag (bw)	सारा दिन	sāra din
de volgende dag (bw)	अगला दिन	agala din
twee dagen geleden	दो दिन पहले	do din pahale
aan de vooravond (bw)	एक दिन पहले	ek din pahale
dag-, dagelijks (bn)	दैनिक	dainik
elke dag (bw)	हर दिन	har din
week (de)	हफ़्ता (f)	hafata
vorige week (bw)	पिछले हफ़्ते	pichhale hafate
volgende week (bw)	अगले हफ़्ते	agale hafate
wekelijks (bn)	सप्ताहिक	saptāhik
elke week (bw)	हर हफ़्ते	har hafate
twee keer per week	हफ़्ते में दो बार	hafate men do bār
elke dinsdag	हर मंगलवार को	har mangalavār ko

20. Uren. Dag en nacht

morgen (de)	सुबह (m)	subah
's morgens (bw)	सुबह में	subah men
middag (de)	दोपहर (m)	dopahar
's middags (bw)	दोपहर में	dopahar men
avond (de)	शाम (m)	shām
's avonds (bw)	शाम में	shām men

nacht (de)	रात (f)	rāt
's nachts (bw)	रात में	rāt men
middernacht (de)	आधी रात (f)	ādhī rāt

seconde (de)	सेकन्ड (m)	sekand
minuut (de)	मिनट (m)	minat
uur (het)	घंटा (m)	ghanta
halfuur (het)	आधा घंटा	ādha ghanta
kwartier (het)	सवा	sava
vijftien minuten	पंद्रह मीनट	pandrah mīnat
etmaal (het)	24 घंटे (m)	chaubīs ghante

zonsopgang (de)	सूर्योदय (m)	sūryoday
dageraad (de)	सूर्योदय (m)	sūryoday
vroege morgen (de)	प्रातःकाल (m)	prātahkāl
zonsondergang (de)	सूर्यास्त (m)	sūryāst

's morgens vroeg (bw)	सुबह-सवेरे	subah-savere
vanmorgen (bw)	इस सुबह	is subah
morgenochtend (bw)	कल सुबह	kal subah

vanmiddag (bw)	आज शाम	āj shām
's middags (bw)	दोपहर में	dopahar men
morgenmiddag (bw)	कल दोपहर	kal dopahar

| vanavond (bw) | आज शाम | āj shām |
| morgenavond (bw) | कल रात | kal rāt |

klokslag drie uur	ठीक तीन बजे में	thīk tīn baje men
ongeveer vier uur	लगभग चार बजे	lagabhag chār baje
tegen twaalf uur	बारह बजे तक	bārah baje tak

over twintig minuten	बीस मीनट में	bīs mīnat men
over een uur	एक घंटे में	ek ghante men
op tijd (bw)	ठीक समय पर	thīk samay par

kwart voor ...	पौने ... बजे	paune ... baje
binnen een uur	एक घंटे के अंदर	ek ghante ke andar
elk kwartier	हर पंद्रह मीनट	har pandrah mīnat
de klok rond	दिन-रात (m pl)	din-rāt

21. Maanden. Seizoenen

januari (de)	जनवरी (m)	janavarī
februari (de)	फ़रवरी (m)	faravarī
maart (de)	मार्च (m)	mārch
april (de)	अप्रैल (m)	apraīl
mei (de)	माई (m)	maī
juni (de)	जून (m)	jūn

juli (de)	जुलाई (m)	julaī
augustus (de)	अगस्त (m)	agast
september (de)	सितम्बर (m)	sitambar
oktober (de)	अक्तूबर (m)	aktūbar

november (de)	नवम्बर (m)	navambar
december (de)	दिसम्बर (m)	disambar
lente (de)	वसन्त (m)	vasant
in de lente (bw)	वसन्त में	vasant men
lente- (abn)	वसन्त	vasant
zomer (de)	गरमी (f)	garamī
in de zomer (bw)	गरमियों में	garamiyon men
zomer-, zomers (bn)	गरमी	garamī
herfst (de)	शरद (m)	sharad
in de herfst (bw)	शरद में	sharad men
herfst- (abn)	शरद	sharad
winter (de)	सर्दी (f)	sardī
in de winter (bw)	सर्दियों में	sardiyon men
winter- (abn)	सर्दी	sardī
maand (de)	महीना (m)	mahīna
deze maand (bw)	इस महीने	is mahīne
volgende maand (bw)	अगले महीने	agale mahīne
vorige maand (bw)	पिछले महीने	pichhale mahīne
een maand geleden (bw)	एक महीने पहले	ek mahīne pahale
over een maand (bw)	एक महीने में	ek mahīne men
over twee maanden (bw)	दो महीने में	do mahīne men
de hele maand (bw)	पूरे महीने	pūre mahīne
een volle maand (bw)	पूरे महीने	pūre mahīne
maand-, maandelijks (bn)	मासिक	māsik
maandelijks (bw)	हर महीने	har mahīne
elke maand (bw)	हर महीने	har mahīne
twee keer per maand	महीने में दो बार	mahine men do bār
jaar (het)	वर्ष (m)	varsh
dit jaar (bw)	इस साल	is sāl
volgend jaar (bw)	अगले साल	agale sāl
vorig jaar (bw)	पिछले साल	pichhale sāl
een jaar geleden (bw)	एक साल पहले	ek sāl pahale
over een jaar	एक साल में	ek sāl men
over twee jaar	दो साल में	do sāl men
het hele jaar	पूरा साल	pūra sāl
een vol jaar	पूरा साल	pūra sāl
elk jaar	हर साल	har sāl
jaar-, jaarlijks (bn)	वार्षिक	vārshik
jaarlijks (bw)	वार्षिक	vārshik
4 keer per jaar	साल में चार बार	sāl men chār bār
datum (de)	तारीख़ (f)	tārīkh
datum (de)	तारीख़ (f)	tārīkh
kalender (de)	कैलेन्डर (m)	kailendar
een half jaar	आधे वर्ष (m)	ādhe varsh
zes maanden	छमाही (f)	chhamāhī

seizoen (bijv. lente, zomer)	मौसम (m)	mausam
eeuw (de)	शताब्दी (f)	shatābadī

22. Meeteenheden

gewicht (het)	वज़न (m)	vazan
lengte (de)	लम्बाई (f)	lambaī
breedte (de)	चौड़ाई (f)	chauraī
hoogte (de)	ऊंचाई (f)	ūnchaī
diepte (de)	गहराई (f)	gaharaī
volume (het)	घनत्व (f)	ghanatv
oppervlakte (de)	क्षेत्रफल (m)	kshetrafal
gram (het)	ग्राम (m)	grām
milligram (het)	मिलीग्राम (m)	milīgrām
kilogram (het)	किलोग्राम (m)	kilogrām
ton (duizend kilo)	टन (m)	tan
pond (het)	पौण्ड (m)	paund
ons (het)	औन्स (m)	auns
meter (de)	मीटर (m)	mītar
millimeter (de)	मिलीमीटर (m)	milīmītar
centimeter (de)	सेंटीमीटर (m)	sentīmītar
kilometer (de)	किलोमीटर (m)	kilomītar
mijl (de)	मील (m)	mīl
duim (de)	इंच (m)	inch
voet (de)	फुट (m)	fut
yard (de)	गज (m)	gaj
vierkante meter (de)	वर्ग मीटर (m)	varg mītar
hectare (de)	हेक्टेयर (m)	hekteyar
liter (de)	लीटर (m)	lītar
graad (de)	डिग्री (m)	digrī
volt (de)	वोल्ट (m)	volt
ampère (de)	ऐम्पेयर (m)	aimpeyar
paardenkracht (de)	अश्व शक्ति (f)	ashv shakti
hoeveelheid (de)	मात्रा (f)	mātra
een beetje ...	कुछ ...	kuchh ...
helft (de)	आधा (m)	ādha
dozijn (het)	दर्जन (m)	darjan
stuk (het)	टुकड़ा (m)	tukara
afmeting (de)	माप (m)	māp
schaal (bijv. ~ van 1 op 50)	पैमाना (m)	paimāna
minimaal (bn)	न्यूनतम	nyūnatam
minste (bn)	सब से छोटा	sab se chhota
medium (bn)	मध्य	madhy
maximaal (bn)	अधिकतम	adhikatam
grootste (bn)	सबसे बड़ा	sabase bara

23. Containers

glazen pot (de)	शीशी (f)	shīshī
blik (conserven~)	डिब्बा (m)	dibba
emmer (de)	बाल्टी (f)	bāltī
ton (bijv. regenton)	पीपा (m)	pīpa
ronde waterbak (de)	चिलमची (f)	chilamachī
tank (bijv. watertank-70-ltr)	कुण्ड (m)	kund
heupfles (de)	फ्लास्क (m)	flāsk
jerrycan (de)	जेरिकैन (m)	jerikain
tank (bijv. ketelwagen)	टंकी (f)	tankī
beker (de)	मग (m)	mag
kopje (het)	प्याली (f)	pyālī
schoteltje (het)	सॉसर (m)	sosar
glas (het)	गिलास (m)	gilās
wijnglas (het)	वाइन गिलास (m)	vain gilās
steelpan (de)	सॉसपैन (m)	sosapain
fles (de)	बोतल (f)	botal
flessenhals (de)	गला (m)	gala
karaf (de)	जग (m)	jag
kruik (de)	सुराही (f)	surāhī
vat (het)	बरतन (m)	baratan
pot (de)	घड़ा (m)	ghara
vaas (de)	फूलदान (m)	fūladān
flacon (de)	शीशी (f)	shīshī
flesje (het)	शीशी (f)	shīshī
tube (bijv. ~ tandpasta)	ट्यूब (m)	tyūb
zak (bijv. ~ aardappelen)	थैला (m)	thaila
tasje (het)	थैली (f)	thailī
pakje (~ sigaretten, enz.)	पैकेट (f)	paiket
doos (de)	डिब्बा (m)	dibba
kist (de)	डिब्बा (m)	dibba
mand (de)	टोकरी (f)	tokarī

MENS

Mens. Het lichaam

24. Hoofd

hoofd (het)	सिर (m)	sir
gezicht (het)	चेहरा (m)	chehara
neus (de)	नाक (f)	nāk
mond (de)	मुँह (m)	munh
oog (het)	आँख (f)	ānkh
ogen (mv.)	आँखें (f)	ānkhen
pupil (de)	आँख की पुतली (f)	ānkh kī putalī
wenkbrauw (de)	भौंह (f)	bhaunh
wimper (de)	बरौनी (f)	baraunī
ooglid (het)	पलक (m)	palak
tong (de)	जीभ (m)	jībh
tand (de)	दाँत (f)	dānt
lippen (mv.)	होठ (m)	honth
jukbeenderen (mv.)	गाल की हड्डी (f)	gāl kī haddī
tandvlees (het)	मसूड़ा (m)	masūra
gehemelte (het)	तालु (m)	tālu
neusgaten (mv.)	नथने (m pl)	nathane
kin (de)	ठोड़ी (f)	thorī
kaak (de)	जबड़ा (m)	jabara
wang (de)	गाल (m)	gāl
voorhoofd (het)	माथा (m)	māthā
slaap (de)	कनपट्टी (f)	kanapattī
oor (het)	कान (m)	kān
achterhoofd (het)	सिर का पिछला हिस्सा (m)	sir ka pichhala hissa
hals (de)	गरदन (m)	garadan
keel (de)	गला (m)	gala
haren (mv.)	बाल (m pl)	bāl
kapsel (het)	हेयरस्टाइल (m)	heyarastail
haarsnit (de)	हेयरकट (m)	heyarakat
pruik (de)	नकली बाल (m)	nakalī bāl
snor (de)	मूँछें (f pl)	mūnchhen
baard (de)	दाढ़ी (f)	dārhī
dragen (een baard, enz.)	होना	hona
vlecht (de)	चोटी (f)	chotī
bakkebaarden (mv.)	गलमुच्छा (m)	galamuchchha
ros (roodachtig, rossig)	लाल बाल	lāl bāl
grijs (~ haar)	सफ़ेद बाल	safed bāl

kaal (bn)	गंजा	ganja
kale plek (de)	गंजाई (f)	ganjaī
paardenstaart (de)	पोनी-टेल (f)	ponī-tel
pony (de)	बेंग (m)	beng

25. Menselijk lichaam

hand (de)	हाथ (m)	hāth
arm (de)	बाँह (m)	bānh
vinger (de)	ऊँगली (m)	ungalī
duim (de)	अँगूठा (m)	angūtha
pink (de)	छोटी उंगली (f)	chhotī ungalī
nagel (de)	नाखून (m)	nākhūn
vuist (de)	मुट्ठी (m)	mutthī
handpalm (de)	हथेली (f)	hathelī
pols (de)	कलाई (f)	kalaī
voorarm (de)	प्रकोष्ठ (m)	prakoshth
elleboog (de)	कोहनी (f)	kohanī
schouder (de)	कंधा (m)	kandha
been (rechter ~)	टाँग (f)	tāng
voet (de)	पैर का तलवा (m)	pair ka talava
knie (de)	घुटना (m)	ghutana
kuit (de)	पिंडली (f)	pindalī
heup (de)	जाँघ (f)	jāngh
hiel (de)	एड़ी (f)	erī
lichaam (het)	शरीर (m)	sharīr
buik (de)	पेट (m)	pet
borst (de)	सीना (m)	sīna
borst (de)	स्तन (f)	stan
zijde (de)	कूल्हा (m)	kūlha
rug (de)	पीठ (f)	pīth
lage rug (de)	पीठ का निचला हिस्सा (m)	pīth ka nichala hissa
taille (de)	कमर (f)	kamar
navel (de)	नाभी (f)	nābhī
billen (mv.)	नितंब (m pl)	nitamb
achterwerk (het)	नितम्ब (m)	nitamb
huidvlek (de)	सौंदर्य चिन्ह (f)	saundary chinh
moedervlek (de)	जन्म चिह्न (m)	janm chihn
tatoeage (de)	टैटू (m)	taitū
litteken (het)	घाव का निशान (m)	ghāv ka nishān

Kleding en accessoires

26. Bovenkleding. Jassen

kleren (mv.), kleding (de)	कपड़े (m)	kapare
bovenkleding (de)	बाहरी पोशाक (m)	bāharī poshāk
winterkleding (de)	सर्दियों की पोशक (f)	sardiyon kī poshak
jas (de)	ओवरकोट (m)	ovarakot
bontjas (de)	फरकोट (m)	farakot
bontjasje (het)	फ़र की जैकेट (f)	far kī jaiket
donzen jas (de)	फ़ेदर कोट (m)	fedar kot
jasje (bijv. een leren ~)	जैकेट (f)	jaiket
regenjas (de)	बरसाती (f)	barasātī
waterdicht (bn)	जलरोधक	jalarodhak

27. Heren & dames kleding

overhemd (het)	कमीज़ (f)	kamīz
broek (de)	पैंट (m)	paint
jeans (de)	जीन्स (m)	jīns
colbert (de)	कोट (m)	kot
kostuum (het)	सूट (m)	sūt
jurk (de)	फ्रॉक (f)	frok
rok (de)	स्कर्ट (f)	skart
blouse (de)	ब्लाउज़ (f)	blauz
wollen vest (de)	कार्डिगन (f)	kārdigan
blazer (kort jasje)	जैकेट (f)	jaiket
T-shirt (het)	टी-शर्ट (f)	tī-shart
shorts (mv.)	शोट्र्स (m pl)	shorts
trainingspak (het)	ट्रैक सूट (m)	traik sūt
badjas (de)	बाथ रोब (m)	bāth rob
pyjama (de)	पजामा (m)	pajāma
sweater (de)	सूटर (m)	sūtar
pullover (de)	पुलोवर (m)	pulovar
gilet (het)	बण्डी (m)	bandī
rokkostuum (het)	टेल-कोट (m)	tel-kot
smoking (de)	डिनर-जैकेट (f)	dinar-jaiket
uniform (het)	वर्दी (f)	vardī
werkkleding (de)	वर्दी (f)	vardī
overall (de)	ओवरऑल्स (m)	ovarols
doktersjas (de)	कोट (m)	kot

28. Kleding. Ondergoed

ondergoed (het)	अंगवस्त्र (m)	angavastr
onderhemd (het)	बनियान (f)	baniyān
sokken (mv.)	मोज़े (m pl)	moze
nachthemd (het)	नाइट गाउन (m)	nait gaun
beha (de)	ब्रा (f)	bra
kniekousen (mv.)	घुटनों तक के मोज़े (m)	ghutanon tak ke moze
panty (de)	टाइट्स (m pl)	taits
nylonkousen (mv.)	स्टॉकिंग (m pl)	stāking
badpak (het)	स्विम सूट (m)	svim sūt

29. Hoofddeksels

hoed (de)	टोपी (f)	topī
deukhoed (de)	हैट (f)	hait
honkbalpet (de)	बैस्बॉल कैप (f)	baisbol kaip
kleppet (de)	फ़्लैट कैप (f)	flait kaip
baret (de)	बेरेट (m)	beret
kap (de)	हुड (m)	hūd
panamahoed (de)	पनामा हैट (m)	panāma hait
gebreide muts (de)	बुनी हुई टोपी (f)	bunī huī topī
hoofddoek (de)	सिर का स्कार्फ़ (m)	sir ka skārf
dameshoed (de)	महिलाओं की टोपी (f)	mahilaon kī topī
veiligheidshelm (de)	हेलमेट (f)	helamet
veldmuts (de)	पुलिसीया टोपी (f)	pulisīya topī
helm, valhelm (de)	हेलमेट (f)	helamet
bolhoed (de)	बॉलर हैट (m)	bolar hait
hoge hoed (de)	टॉप हैट (m)	top hait

30. Schoeisel

schoeisel (het)	पनही (f)	panahī
schoenen (mv.)	जूते (m pl)	jūte
vrouwenschoenen (mv.)	जूते (m pl)	jūte
laarzen (mv.)	बूट (m pl)	būt
pantoffels (mv.)	चप्पल (f pl)	chappal
sportschoenen (mv.)	टेनिस के जूते (m)	tenis ke jūte
sneakers (mv.)	स्नीकर्स (m)	snīkars
sandalen (mv.)	सैन्डल (f)	saindal
schoenlapper (de)	मोची (m)	mochī
hiel (de)	एड़ी (f)	erī
paar (een ~ schoenen)	जोड़ा (m)	jora
veter (de)	जूते का फ़ीता (m)	jūte ka fīta

rijgen (schoenen ~)	फ़ीता बाँधना	fīta bāndhana
schoenlepel (de)	शू-होर्न (m)	shū-horn
schoensmeer (de/het)	बूट-पालिश (m)	būt-pālish

31. Persoonlijke accessoires

handschoenen (mv.)	दस्ताने (m pl)	dastāne
wanten (mv.)	दस्ताने (m pl)	dastāne
sjaal (fleece ~)	मफ़लर (m)	mafalar
bril (de)	ऐनक (m pl)	ainak
brilmontuur (het)	चश्मे का फ्रेम (m)	chashme ka frem
paraplu (de)	छतरी (f)	chhatarī
wandelstok (de)	छड़ी (f)	chharī
haarborstel (de)	ब्रश (m)	brash
waaier (de)	पंखा (m)	pankha
das (de)	टाई (f)	taī
strikje (het)	बो टाई (f)	bo taī
bretels (mv.)	पतलून बाँधने का फ़ीता (m)	patalūn bāndhane ka fīta
zakdoek (de)	रूमाल (m)	rūmāl
kam (de)	कंघा (m)	kangha
haarspeldje (het)	बालपिन (f)	bālapin
schuifspeldje (het)	हेयरक्लीप (f)	heyaraklīp
gesp (de)	बकसुआ (m)	bakasua
broekriem (de)	बेल्ट (m)	belt
draagriem (de)	कंधे का पट्टा (m)	kandhe ka patta
handtas (de)	बैग (m)	baig
damestas (de)	पर्स (m)	pars
rugzak (de)	बैकपैक (m)	baikapaik

32. Kleding. Diversen

mode (de)	फ़ैशन (m)	faishan
de mode (bn)	प्रचलन में	prachalan men
kledingstilist (de)	फ़ैशन डिज़ाइनर (m)	faishan dizainar
kraag (de)	कॉलर (m)	kolar
zak (de)	जेब (m)	jeb
zak- (abn)	जेब	jeb
mouw (de)	आस्तीन (f)	āstīn
lusje (het)	हैंगिंग लूप (f)	hainging lūp
gulp (de)	ज़िप (f)	zip
rits (de)	ज़िप (f)	zip
sluiting (de)	हुक (m)	huk
knoop (de)	बटन (m)	batan
knoopsgat (het)	बटन का काज (m)	batan ka kāj
losraken (bijv. knopen)	निकल जाना	nikal jāna

naaien (kleren, enz.)	सीना	sīna
borduren (ww)	काढ़ना	kārhana
borduursel (het)	कढ़ाई (f)	karhaī
naald (de)	सूई (f)	sūī
draad (de)	धागा (m)	dhāga
naad (de)	सीवन (m)	sīvan
vies worden (ww)	मैला होना	maila hona
vlek (de)	धब्बा (m)	dhabba
gekreukt raken (ov. kleren)	शिकन पड़ जाना	shikan par jāna
scheuren (ov.ww.)	फट जाना	fat jāna
mot (de)	कपड़ों के कीड़े (m)	kaparon ke kīre

33. Persoonlijke verzorging. Schoonheidsmiddelen

tandpasta (de)	टूथपेस्ट (m)	tūthapest
tandenborstel (de)	टूथब्रश (m)	tūthabrash
tanden poetsen (ww)	दाँत साफ़ करना	dānt sāf karana
scheermes (het)	रेज़र (f)	rezar
scheerschuim (het)	हजामत का क्रीम (m)	hajāmat ka krīm
zich scheren (ww)	शेव करना	shev karana
zeep (de)	साबुन (m)	sābun
shampoo (de)	शैम्पू (m)	shaimpū
schaar (de)	कैंची (f pl)	kainchī
nagelvijl (de)	नाख़ून घिसनी (f)	nākhūn ghisanī
nagelknipper (de)	नाख़ून कतरनी (f)	nākhūn kataranī
pincet (het)	ट्वीज़र्स (f)	tvīzars
cosmetica (de)	श्रृंगार-सामग्री (f)	shrrngār-sāmagrī
masker (het)	चेहरे का लेप (m)	chehare ka lep
manicure (de)	मैनीक्योर (m)	mainīkyor
manicure doen	मैनीक्योर करवाना	mainīkyor karavāna
pedicure (de)	पेडिक्यूर (m)	pedikyūr
cosmetica tasje (het)	श्रृंगार थैली (f)	shrrngār thailī
poeder (de/het)	पाउडर (m)	paudar
poederdoos (de)	कॉम्पैक्ट पाउडर (m)	kompaikt paudar
rouge (de)	ब्लशर (m)	blashar
parfum (de/het)	ख़ुशबू (f)	khushabū
eau de toilet (de)	टायलेट वॉटर (m)	tāyalet votar
lotion (de)	लोशन (m)	loshan
eau de cologne (de)	कोलोन (m)	kolon
oogschaduw (de)	आई-शैडो (m)	āī-shaido
oogpotlood (het)	आई-पेंसिल (f)	āī-pensil
mascara (de)	मस्कारा (m)	maskāra
lippenstift (de)	लिपस्टिक (m)	lipastik
nagellak (de)	नेल पॉलिश (f)	nel polish
haarlak (de)	हेयर स्प्रे (m)	heyar spre

deodorant (de)	डिओडरेन्ट (m)	diodarent
crème (de)	क्रीम (m)	krīm
gezichtscrème (de)	चेहरे की क्रीम (f)	chehare kī krīm
handcrème (de)	हाथ की क्रीम (f)	hāth kī krīm
antirimpelcrème (de)	एंटी रिंकल क्रीम (f)	entī rinkal krīm
dag- (abn)	दिन का	din ka
nacht- (abn)	रात का	rāt ka
tampon (de)	टैम्पन (m)	taimpan
toiletpapier (het)	टॉयलेट पेपर (m)	toyalet pepar
föhn (de)	हेयर ड्रायर (m)	heyar drāyar

34. Horloges. Klokken

polshorloge (het)	घड़ी (f pl)	gharī
wijzerplaat (de)	डायल (m)	dāyal
wijzer (de)	सुई (f)	suī
metalen horlogeband (de)	धातु से बनी घड़ी का पट्टा (m)	dhātu se banī gharī ka patta
horlogebandje (het)	घड़ी का पट्टा (m)	gharī ka patta
batterij (de)	बैटरी (f)	baiterī
leeg zijn (ww)	ख़त्म हो जाना	khatm ho jāna
batterij vervangen	बैटरी बदलना	baiterī badalana
voorlopen (ww)	तेज़ चलना	tez chalana
achterlopen (ww)	धीमी चलना	dhīmī chalana
wandklok (de)	दीवार-घड़ी (f pl)	dīvār-gharī
zandloper (de)	रेत-घड़ी (f pl)	ret-gharī
zonnewijzer (de)	सूरज-घड़ी (f pl)	sūraj-gharī
wekker (de)	अलार्म घड़ी (f)	alārm gharī
horlogemaker (de)	घड़ीसाज़ (m)	gharīsāz
repareren (ww)	मरम्मत करना	marammat karana

Voedsel. Voeding

35. Voedsel

vlees (het)	गोश्त (m)	gosht
kip (de)	चीकन (m)	chīkan
kuiken (het)	रॉक कोर्निश मुर्गी (f)	rok kornish murgī
eend (de)	बत्तख़ (f)	battakh
gans (de)	हंस (m)	hans
wild (het)	शिकार के पशुपक्षी (f)	shikār ke pashupakshī
kalkoen (de)	टर्की (m)	tarkī
varkensvlees (het)	सुअर का गोश्त (m)	suar ka gosht
kalfsvlees (het)	बछड़े का गोश्त (m)	bachhare ka gosht
schapenvlees (het)	भेड़ का गोश्त (m)	bher ka gosht
rundvlees (het)	गाय का गोश्त (m)	gāy ka gosht
konijnenvlees (het)	खरगोश (m)	kharagosh
worst (de)	सॉसेज (f)	sosej
saucijs (de)	वियना सॉसेज (m)	viyana sosej
spek (het)	बेकन (m)	bekan
ham (de)	हैम (m)	haim
gerookte achterham (de)	सुअर की जांघ (f)	suar kī jāngh
paté, pastei (de)	पिसा हुआ गोश्त (m)	pisa hua gosht
lever (de)	जिगर (f)	jigar
gehakt (het)	कीमा (m)	kīma
tong (de)	जीभ (m)	jībh
ei (het)	अंडा (m)	anda
eieren (mv.)	अंडे (m pl)	ande
eiwit (het)	अंडे की सफ़ेदी (m)	ande kī safedī
eigeel (het)	अंडे की ज़र्दी (m)	ande kī zardī
vis (de)	मछली (f)	machhalī
zeevruchten (mv.)	समुद्री खाना (m)	samudrī khāna
kaviaar (de)	मछली के अंडे (m)	machhalī ke ande
krab (de)	केकड़ा (m)	kekara
garnaal (de)	चिंगड़ा (m)	chingara
oester (de)	सीप (m)	sīp
langoest (de)	लोबस्टर (m)	lobastar
octopus (de)	ऑक्टोपस (m)	oktopas
inktvis (de)	स्कीड (m)	skīd
steur (de)	स्टर्जन (f)	starjan
zalm (de)	सालमन (m)	sālaman
heilbot (de)	हैलिबट (f)	hailibat
kabeljauw (de)	कॉड (f)	kod
makreel (de)	मार्क्रैल (f)	mākrail

tonijn (de)	टूना (f)	tūna
paling (de)	बाम मछली (f)	bām machhalī
forel (de)	ट्राउट मछली (f)	traut machhalī
sardine (de)	सार्डीन (f)	sārdīn
snoek (de)	पाइक (f)	paik
haring (de)	हेरिंग मछली (f)	hering machhalī
brood (het)	ब्रेड (f)	bred
kaas (de)	पनीर (m)	panīr
suiker (de)	चीनी (f)	chīnī
zout (het)	नमक (m)	namak
rijst (de)	चावल (m)	chāval
pasta (de)	पास्ता (m)	pāsta
noedels (mv.)	नूडल्स (m)	nūdals
boter (de)	मक्खन (m)	makkhan
plantaardige olie (de)	तेल (m)	tel
zonnebloemolie (de)	सूरजमुखी तेल (m)	sūrajamukhī tel
margarine (de)	नकली मक्खन (m)	nakalī makkhan
olijven (mv.)	जैतून (m)	jaitūn
olijfolie (de)	जैतून का तेल (m)	jaitūn ka tel
melk (de)	दूध (m)	dūdh
gecondenseerde melk (de)	रबड़ी (f)	rabarī
yoghurt (de)	दही (m)	dahī
zure room (de)	खट्टी क्रीम (f)	khattī krīm
room (de)	मलाई (f pl)	malaī
mayonaise (de)	मेयोनेज़ (m)	meyonez
crème (de)	क्रीम (m)	krīm
graan (het)	अनाज के दाने (m)	anāj ke dāne
meel (het), bloem (de)	आटा (m)	āta
conserven (mv.)	डिब्बाबन्द खाना (m)	dibbāband khāna
maïsvlokken (mv.)	कॉर्नफ्लेक्स (m)	kornafleks
honing (de)	शहद (m)	shahad
jam (de)	जैम (m)	jaim
kauwgom (de)	चूइन्ग गम (m)	chūing gam

36. Drankjes

water (het)	पानी (m)	pānī
drinkwater (het)	पीने का पानी (f)	pīne ka pānī
mineraalwater (het)	मिनरल वॉटर (m)	minaral votar
zonder gas	स्टिल वॉटर	stil votar
koolzuurhoudend (bn)	कार्बोनेटेड	kārboneted
bruisend (bn)	स्पार्कलिंग	spārkaling
IJs (het)	बर्फ़ (m)	barf
met ijs	बर्फ़ के साथ	barf ke sāth

alcohol vrij (bn)	शराब रहित	sharāb rahit
alcohol vrije drank (de)	कोल्ड ड्रिंक (f)	kold drink
frisdrank (de)	शीतलक ड्रिंक (f)	shītalak drink
limonade (de)	लेमोनेड (m)	lemoned
alcoholische dranken (mv.)	शराब (m pl)	sharāb
wijn (de)	वाइन (f)	vain
witte wijn (de)	सफ़ेद वाइन (f)	safed vain
rode wijn (de)	लाल वाइन (f)	lāl vain
likeur (de)	लिकर (m)	likar
champagne (de)	शैम्पेन (f)	shaimpen
vermout (de)	वर्मोठथ (f)	varmauth
whisky (de)	विस्की (f)	viskī
wodka (de)	वोडका (m)	vodaka
gin (de)	जिन (f)	jin
cognac (de)	कोन्याक (m)	konyāk
rum (de)	रम (m)	ram
koffie (de)	कॉफ़ी (f)	kofī
zwarte koffie (de)	काली कॉफ़ी (f)	kālī kofī
koffie (de) met melk	दूध के साथ कॉफ़ी (f)	dūdh ke sāth kofī
cappuccino (de)	कैपूचिनो (f)	kaipūchino
oploskoffie (de)	इन्सटेन्ट-कॉफ़ी (f)	insatent-kāfī
melk (de)	दूध (m)	dūdh
cocktail (de)	कॉकटेल (m)	kokatel
milkshake (de)	मिल्कशेक (m)	milkashek
sap (het)	रस (m)	ras
tomatensap (het)	टमाटर का रस (m)	tamātar ka ras
sinaasappelsap (het)	संतरे का रस (m)	santare ka ras
vers geperst sap (het)	ताज़ा रस (m)	tāza ras
bier (het)	बियर (m)	biyar
licht bier (het)	हल्का बियर (m)	halka biyar
donker bier (het)	डार्क बियर (m)	dārk biyar
thee (de)	चाय (f)	chāy
zwarte thee (de)	काली चाय (f)	kālī chāy
groene thee (de)	हरी चाय (f)	harī chāy

37. Groenten

groenten (mv.)	सब्ज़ियाँ (f pl)	sabziyān
verse kruiden (mv.)	हरी सब्ज़ियाँ (f)	harī sabziyān
tomaat (de)	टमाटर (m)	tamātar
augurk (de)	खीरा (m)	khīra
wortel (de)	गाजर (f)	gājar
aardappel (de)	आलू (m)	ālū
ui (de)	प्याज़ (m)	pyāz
knoflook (de)	लहसुन (m)	lahasun

Nederlands	Hindi	Transliteratie
kool (de)	पत्ता गोभी (f)	patta gobhī
bloemkool (de)	फूल गोभी (f)	fūl gobhī
spruitkool (de)	ब्रसेल्स स्प्राउट्स (m)	brasels sprauts
broccoli (de)	ब्रोकोली (f)	brokolī
rode biet (de)	चुकन्दर (m)	chukandar
aubergine (de)	बैंगन (m)	baingan
courgette (de)	तुरई (f)	turī
pompoen (de)	कद्दू	kaddū
raap (de)	शलजम (f)	shalajam
peterselie (de)	अजमोद (f)	ajamod
dille (de)	सोआ (m)	soa
sla (de)	सलाद पत्ता (m)	salād patta
selderij (de)	सेलरी (m)	selarī
asperge (de)	एस्पैरेगस (m)	espairegas
spinazie (de)	पालक (m)	pālak
erwt (de)	मटर (m)	matar
bonen (mv.)	फली (f pl)	falī
maïs (de)	मकई (f)	makī
boon (de)	राजमा (f)	rājama
peper (de)	शिमला मिर्च (m)	shimala mirch
radijs (de)	मूली (f)	mūlī
artisjok (de)	हाथीचक (m)	hāthīchak

38. Vruchten. Noten

Nederlands	Hindi	Transliteratie
vrucht (de)	फल (m)	fal
appel (de)	सेब (m)	seb
peer (de)	नाशपाती (f)	nāshapātī
citroen (de)	नींबू (m)	nīmbū
sinaasappel (de)	संतरा (m)	santara
aardbei (de)	स्ट्रॉबेरी (f)	stroberī
mandarijn (de)	नारंगी (m)	nārangī
pruim (de)	आलूबुखारा (m)	ālūbukhāra
perzik (de)	आड़ू (m)	ārū
abrikoos (de)	खूबानी (f)	khūbānī
framboos (de)	रसभरी (f)	rasabharī
ananas (de)	अनानास (m)	anānās
banaan (de)	केला (m)	kela
watermeloen (de)	तरबूज़ (m)	tarabūz
druif (de)	अंगूर (m)	angūr
kers (de)	चेरी (f)	cherī
meloen (de)	खरबूज़ा (f)	kharabūza
grapefruit (de)	ग्रेपफ्रूट (m)	grepafrūt
avocado (de)	एवोकाडो (m)	evokādo
papaja (de)	पपीता (f)	papīta
mango (de)	आम (m)	ām
granaatappel (de)	अनार (m)	anār

rode bes (de)	लाल किशमिश (f)	lāl kishamish
zwarte bes (de)	काली किशमिश (f)	kālī kishamish
kruisbes (de)	आमला (f)	āmala
bosbes (de)	बिलबेरी (f)	bilaberī
braambes (de)	ब्लैकबेरी (f)	blaikaberī
rozijn (de)	किशमिश (m)	kishamish
vijg (de)	अंजीर (m)	anjīr
dadel (de)	खजूर (m)	khajūr
pinda (de)	मूँगफली (f)	mūngafalī
amandel (de)	बादाम (m)	bādām
walnoot (de)	अखरोट (m)	akharot
hazelnoot (de)	हेज़लनट (m)	hezalanat
kokosnoot (de)	नारियल (m)	nāriyal
pistaches (mv.)	पिस्ता (m)	pista

39. Brood. Snoep

suikerbakkerij (de)	मिठाई (f pl)	mithaī
brood (het)	ब्रेड (f)	bred
koekje (het)	बिस्कुट (m)	biskut
chocolade (de)	चॉकलेट (m)	chokalet
chocolade- (abn)	चॉकलेटी	chokaletī
snoepje (het)	टॉफ़ी (f)	tofī
cakeje (het)	पेस्ट्री (f)	pestrī
taart (bijv. verjaardags~)	केक (m)	kek
pastei (de)	पाई (m)	paī
vulling (de)	फ़िलिंग (f)	filing
confituur (de)	जैम (m)	jaim
marmelade (de)	मुरब्बा (m)	murabba
wafel (de)	वेफ़र (m pl)	vefar
IJsje (het)	आईस-क्रीम (f)	āīs-krīm

40. Bereide gerechten

gerecht (het)	पकवान (m)	pakavān
keuken (bijv. Franse ~)	व्यंजन (m)	vyanjan
recept (het)	रैसीपी (f)	raisīpī
portie (de)	भाग (m)	bhāg
salade (de)	सलाद (m)	salād
soep (de)	सूप (m)	sūp
bouillon (de)	यख़नी (f)	yakhanī
boterham (de)	सैन्डविच (m)	saindavich
spiegelei (het)	आमलेट (m)	āmalet
hamburger (de)	हैमबर्गर (m)	haimabargar
biefstuk (de)	बीफ़स्टीक (m)	bīfastīk

garnering (de)	साइड डिश (f)	said dish
spaghetti (de)	स्पेघेटी (f)	speghetī
aardappelpuree (de)	आलू भरता (f)	ālū bharata
pizza (de)	पीट्ज़ा (f)	pītza
pap (de)	दलिया (f)	daliya
omelet (de)	आमलेट (m)	āmalet
gekookt (in water)	उबला	ubala
gerookt (bn)	धुएँ में पकाया हुआ	dhuen men pakāya hua
gebakken (bn)	भुना	bhuna
gedroogd (bn)	सूखा	sūkha
diepvries (bn)	फ्रोज़न	frozan
gemarineerd (bn)	अचार	achār
zoet (bn)	मीठा	mītha
gezouten (bn)	नमकीन	namakīn
koud (bn)	ठंडा	thanda
heet (bn)	गरम	garam
bitter (bn)	कड़वा	karava
lekker (bn)	स्वादिष्ट	svādisht
koken (in kokend water)	उबलते पानी में पकाना	ubalate pānī men pakāna
bereiden (avondmaaltijd ~)	खाना बनाना	khāna banāna
bakken (ww)	भूनना	bhūnana
opwarmen (ww)	गरम करना	garam karana
zouten (ww)	नमक डालना	namak dālana
peperen (ww)	मिर्च डालना	mirch dālana
raspen (ww)	कद्दूकश करना	kaddūkash karana
schil (de)	छिलका (f)	chhilaka
schillen (ww)	छिलका निकलना	chhilaka nikalana

41. Kruiden

zout (het)	नमक (m)	namak
gezouten (bn)	नमकीन	namakīn
zouten (ww)	नमक डालना	namak dālana
zwarte peper (de)	काली मिर्च (f)	kālī mirch
rode peper (de)	लाल मिर्च (m)	lāl mirch
mosterd (de)	सरसों (m)	sarason
mierikswortel (de)	अरब मूली (f)	arab mūlī
condiment (het)	मसाला (m)	masāla
specerij, kruiderij (de)	मसाला (m)	masāla
saus (de)	चटनी (f)	chatanī
azijn (de)	सिरका (m)	siraka
anijs (de)	सौंफ़ (f)	saumf
basilicum (de)	तुलसी (f)	tulasī
kruidnagel (de)	लौंग (f)	laung
gember (de)	अदरक (m)	adarak
koriander (de)	धनिया (m)	dhaniya
kaneel (de/het)	दालचीनी (f)	dālachīnī

sesamzaad (het)	तिल (m)	til
laurierblad (het)	तेजपत्ता (m)	tejapatta
paprika (de)	लाल शिमला मिर्च पाउडर (m)	lāl shimala mirch paudar
komijn (de)	ज़ीरा (m)	zīra
saffraan (de)	ज़ाफ़रान (m)	zāfarān

42. Maaltijden

eten (het)	खाना (m)	khāna
eten (ww)	खाना खाना	khāna khāna
ontbijt (het)	नाश्ता (m)	nāshta
ontbijten (ww)	नाश्ता करना	nāshta karana
lunch (de)	दोपहर का भोजन (m)	dopahar ka bhojan
lunchen (ww)	दोपहर का भोजन करना	dopahar ka bhojan karana
avondeten (het)	रात्रिभोज (m)	rātribhoj
souperen (ww)	रात्रिभोज करना	rātribhoj karana
eetlust (de)	भूख (f)	bhūkh
Eet smakelijk!	अपने भोजन का आनंद उठाएं!	apane bhojan ka ānand uthaen!
openen (een fles ~)	खोलना	kholana
morsen (koffie, enz.)	गिराना	girāna
zijn gemorst	गिराना	girāna
koken (water kookt bij 100°C)	उबालना	ubālana
koken (Hoe om water te ~)	उबालना	ubālana
gekookt (~ water)	उबला हुआ	ubala hua
afkoelen (koeler maken)	ठंडा करना	thanda karana
afkoelen (koeler worden)	ठंडा करना	thanda karana
smaak (de)	स्वाद (m)	svād
nasmaak (de)	स्वाद (m)	svād
volgen een dieet	वज़न घटाना	vazan ghatāna
dieet (het)	डाइट (m)	dait
vitamine (de)	विटामिन (m)	vitāmin
calorie (de)	कैलोरी (f)	kailorī
vegetariër (de)	शाकाहारी (m)	shākāhārī
vegetarisch (bn)	शाकाहारी	shākāhārī
vetten (mv.)	वसा (m pl)	vasa
eiwitten (mv.)	प्रोटीन (m pl)	protīn
koolhydraten (mv.)	कार्बोहाइड्रेट (m)	kārbohaidret
snede (de)	टुकड़ा (m)	tukara
stuk (bijv. een ~ taart)	टुकड़ा (m)	tukara
kruimel (de)	टुकड़ा (m)	tukara

43. Tafelschikking

lepel (de)	चम्मच (m)	chammach
mes (het)	छुरी (f)	chhurī

vork (de)	काँटा (m)	kānta
kopje (het)	प्याला (m)	pyāla
bord (het)	तश्तरी (f)	tashtarī
schoteltje (het)	सॉसर (m)	sosar
servet (het)	नैपकीन (m)	naipakīn
tandenstoker (de)	टूथपिक (m)	tūthapik

44. Restaurant

restaurant (het)	रेस्टराँ (m)	restarān
koffiehuis (het)	कॉफ़ी हाउस (m)	kofī haus
bar (de)	बार (m)	bār
tearoom (de)	चायख़ाना (m)	chāyakhāna
kelner, ober (de)	बैरा (m)	baira
serveerster (de)	बैरी (f)	bairī
barman (de)	बारमैन (m)	bāramain
menu (het)	मेनू (m)	menū
wijnkaart (de)	वाइन सूची (f)	vain sūchī
een tafel reserveren	मेज़ बुक करना	mez buk karana
gerecht (het)	पकवान (m)	pakavān
bestellen (eten ~)	आर्डर देना	ārdar dena
een bestelling maken	आर्डर देना	ārdar dena
aperitief (de/het)	एपेरेतीफ़ (m)	eperetīf
voorgerecht (het)	एपेटाइज़र (m)	epetaizar
dessert (het)	मीठा (m)	mītha
rekening (de)	बिल (m)	bil
de rekening betalen	बील का भुगतान करना	bīl ka bhugatān karana
wisselgeld teruggeven	खुले पैसे देना	khule paise dena
fooi (de)	टिप (f)	tip

Familie, verwanten en vrienden

45. Persoonlijke informatie. Formulieren

naam (de)	पहला नाम (m)	pahala nām
achternaam (de)	उपनाम (m)	upanām
geboortedatum (de)	जन्म-दिवस (m)	janm-divas
geboorteplaats (de)	मातृभूमि (f)	mātrbhūmi
nationaliteit (de)	नागरिकता (f)	nāgarikata
woonplaats (de)	निवास स्थान (m)	nivās sthān
land (het)	देश (m)	desh
beroep (het)	पेशा (m)	pesha
geslacht (ov. het vrouwelijk ~)	लिंग (m)	ling
lengte (de)	क़द (m)	qad
gewicht (het)	वज़न (m)	vazan

46. Familieleden. Verwanten

moeder (de)	माँ (f)	mān
vader (de)	पिता (m)	pita
zoon (de)	बेटा (m)	beta
dochter (de)	बेटी (f)	betī
jongste dochter (de)	छोटी बेटी (f)	chhotī betī
jongste zoon (de)	छोटा बेटा (m)	chhota beta
oudste dochter (de)	बड़ी बेटी (f)	barī betī
oudste zoon (de)	बड़ा बेटा (m)	bara beta
broer (de)	भाई (m)	bhaī
zuster (de)	बहन (f)	bahan
neef (zoon van oom, tante)	चचेरा भाई (m)	chachera bhaī
nicht (dochter van oom, tante)	चचेरी बहन (f)	chacherī bahan
mama (de)	अम्मा (f)	amma
papa (de)	पापा (m)	pāpa
ouders (mv.)	माँ-बाप (m pl)	mān-bāp
kind (het)	बच्चा (m)	bachcha
kinderen (mv.)	बच्चे (m pl)	bachche
oma (de)	दादी (f)	dādī
opa (de)	दादा (m)	dāda
kleinzoon (de)	पोता (m)	pota
kleindochter (de)	पोती (f)	potī
kleinkinderen (mv.)	पोते (m)	pote

oom (de)	चाचा (m)	chācha
tante (de)	चाची (f)	chāchī
neef (zoon van broer, zus)	भतीजा (m)	bhatīja
nicht (dochter van broer ,zus)	भतीजी (f)	bhatījī
schoonmoeder (de)	सास (f)	sās
schoonvader (de)	ससुर (m)	sasur
schoonzoon (de)	दामाद (m)	dāmād
stiefmoeder (de)	सौतेली माँ (f)	sautelī mān
stiefvader (de)	सौतेले पिता (m)	sautele pita
zuigeling (de)	दूधमुँहा बच्चा (m)	dudhamunha bachcha
wiegenkind (het)	शिशु (f)	shishu
kleuter (de)	छोटा बच्चा (m)	chhota bachcha
vrouw (de)	पत्नी (f)	patnī
man (de)	पति (m)	pati
echtgenoot (de)	पति (m)	pati
echtgenote (de)	पत्नी (f)	patnī
gehuwd (mann.)	शादीशुदा	shādīshuda
gehuwd (vrouw.)	शादीशुदा	shādīshuda
ongehuwd (mann.)	अविवाहित	avivāhit
vrijgezel (de)	कुँआरा (m)	kunāra
gescheiden (bn)	तलाक़शुदा	talāqashuda
weduwe (de)	विधवा (f)	vidhava
weduwnaar (de)	विधुर (m)	vidhur
familielid (het)	रिश्तेदार (m)	rishtedār
dichte familielid (het)	सम्बंधी (m)	sambandhī
verre familielid (het)	दूर का रिश्तेदार (m)	dūr ka rishtedār
familieleden (mv.)	रिश्तेदार (m pl)	rishtedār
wees (de), weeskind (het)	अनाथ (m)	anāth
voogd (de)	अभिभावक (m)	abhibhāvak
adopteren (een jongen te ~)	लड़का गोद लेना	laraka god lena
adopteren (een meisje te ~)	लड़की गोद लेना	larakī god lena

Geneeskunde

47. Ziekten

ziekte (de)	बीमारी (f)	bīmārī
ziek zijn (ww)	बीमार होना	bīmār hona
gezondheid (de)	सेहत (f)	sehat
snotneus (de)	नज़ला (m)	nazala
angina (de)	टॉन्सिल (m)	tonsil
verkoudheid (de)	ज़ुकाम (f)	zukām
verkouden raken (ww)	ज़ुकाम हो जाना	zukām ho jāna
bronchitis (de)	ब्रॉन्काइटिस (m)	bronkaitis
longontsteking (de)	निमोनिया (f)	nimoniya
griep (de)	फ़्लू (m)	flū
bijziend (bn)	कमबीन	kamabīn
verziend (bn)	कमज़ोर दूरदृष्टि	kamazor dūradrshti
scheelheid (de)	तिरछी नज़र (m)	tirachhī nazar
scheel (bn)	तिरछी नज़रवाला	tirachhī nazaravāla
grauwe staar (de)	मोतिया बिंद (m)	motiya bind
glaucoom (het)	काला मोतिया (m)	kāla motiya
beroerte (de)	स्ट्रोक (m)	strok
hartinfarct (het)	दिल का दौरा (m)	dil ka daura
myocardiaal infarct (het)	मायोकार्डियल इन्फ़ार्क्शन (m)	māyokārdiyal infārkshan
verlamming (de)	लकवा (m)	lakava
verlammen (ww)	लकवा मारना	laqava mārana
allergie (de)	एलर्जी (f)	elarjī
astma (de/het)	दमा (f)	dama
diabetes (de)	शूगर (f)	shūgar
tandpijn (de)	दाँत दर्द (m)	dānt dard
tandbederf (het)	दाँत में कीड़ा (m)	dānt men kīra
diarree (de)	दस्त (m)	dast
constipatie (de)	कब्ज़ (m)	kabz
maagstoornis (de)	पेट ख़राब (m)	pet kharāb
voedselvergiftiging (de)	ख़राब खाने से हुई बीमारी (f)	kharāb khāne se huī bīmārī
voedselvergiftiging oplopen	ख़राब खाने से बीमार पड़ना	kharāb khāne se bīmār parana
artritis (de)	गठिया (m)	gathiya
rachitis (de)	बालवक्र (m)	bālavakr
reuma (het)	आमवात (m)	āmavāt
arteriosclerose (de)	धमनीकलाकाठिन्य (m)	dhamanīkalākāthiny
gastritis (de)	जठर-शोथ (m)	jathar-shoth
blindedarmontsteking (de)	उण्डुक-शोथ (m)	unduk-shoth

galblaasontsteking (de)	पित्ताशय (m)	pittāshay
zweer (de)	अल्सर (m)	alsar
mazelen (mv.)	मीज़ल्स (m)	mīzals
rodehond (de)	जर्मन मीज़ल्स (m)	jarman mīzals
geelzucht (de)	पीलिया (m)	pīliya
leverontsteking (de)	हेपेटाइटिस (m)	hepetaitis
schizofrenie (de)	शीज़ोफ्रेनीय (f)	shīzofrenīy
dolheid (de)	रेबीज़ (m)	rebīz
neurose (de)	न्यूरोसिस (m)	nyūrosis
hersenschudding (de)	आघात (m)	āghāt
kanker (de)	कर्क रोग (m)	kark rog
sclerose (de)	काठिन्य (m)	kāthiny
multiple sclerose (de)	मल्टीपल स्क्लेरोसिस (m)	maltīpal sklerosis
alcoholisme (het)	शराबीपन (m)	sharābīpan
alcoholicus (de)	शराबी (m)	sharābī
syfilis (de)	सीफ़िलिस (m)	sīfilis
AIDS (de)	ऐड्स (m)	aids
tumor (de)	ट्यूमर (m)	tyūmar
kwaadaardig (bn)	घातक	ghātak
goedaardig (bn)	अर्बुद	arbud
koorts (de)	बुखार (m)	bukhār
malaria (de)	मलेरिया (f)	maleriya
gangreen (het)	गैन्ग्रीन (m)	gaingrīn
zeeziekte (de)	जहाज़ी मतली (f)	jahāzī matalī
epilepsie (de)	मिरगी (f)	miragī
epidemie (de)	महामारी (f)	mahāmārī
tyfus (de)	टाइफ़स (m)	taifas
tuberculose (de)	टीबी (m)	tībī
cholera (de)	हैज़ा (f)	haiza
pest (de)	प्लेग (f)	pleg

48. Symptomen. Behandelingen. Deel 1

symptoom (het)	लक्षण (m)	lakshan
temperatuur (de)	तापमान (m)	tāpamān
verhoogde temperatuur (de)	बुखार (f)	bukhār
polsslag (de)	नब्ज़ (f)	nabz
duizeling (de)	सिर का चक्कर (m)	sir ka chakkar
heet (erg warm)	गरम	garam
koude rillingen (mv.)	कंपकंपी (f)	kampakampī
bleek (bn)	पीला	pīla
hoest (de)	खाँसी (f)	khānsī
hoesten (ww)	खाँसना	khānsana
niezen (ww)	छींकना	chhīnkana
flauwte (de)	बेहोशी (f)	behoshī

flauwvallen (ww)	बेहोश होना	behosh hona
blauwe plek (de)	नील (m)	nīl
buil (de)	गुमड़ा (m)	gumara
zich stoten (ww)	चोट लगना	chot lagana
kneuzing (de)	चोट (f)	chot
kneuzen (gekneusd zijn)	घाव लगना	ghāv lagana
hinken (ww)	लँगड़ाना	langarāna
verstuiking (de)	हड्डी खिसकना (f)	haddī khisakana
verstuiken (enkel, enz.)	हड्डी खिसकना	haddī khisakana
breuk (de)	हड्डी टूट जाना (f)	haddī tūṭ jāna
een breuk oplopen	हड्डी टूट जाना	haddī tūṭ jāna
snijwond (de)	कट जाना (m)	kat jāna
zich snijden (ww)	खुद को काट लेना	khud ko kāṭ lena
bloeding (de)	रक्त-स्राव (m)	rakt-srāv
brandwond (de)	जला होना	jala hona
zich branden (ww)	जल जाना	jal jāna
prikken (ww)	चुभाना	chubhāna
zich prikken (ww)	खुद को चुभाना	khud ko chubhāna
blesseren (ww)	घायल करना	ghāyal karana
blessure (letsel)	चोट (f)	chot
wond (de)	घाव (m)	ghāv
trauma (het)	चोट (f)	chot
IJlen (ww)	बेहोशी में बड़बड़ाना	behoshī men barabadāna
stotteren (ww)	हकलाना	hakalāna
zonnesteek (de)	धूप आघात (m)	dhūp āghāt

49. Symptomen. Behandelingen. Deel 2

pijn (de)	दर्द (f)	dard
splinter (de)	चुभ जाना (m)	chubh jāna
zweet (het)	पसीना (f)	pasīna
zweten (ww)	पसीना निकलना	pasīna nikalana
braking (de)	वमन (m)	vaman
stuiptrekkingen (mv.)	दौरा (m)	daura
zwanger (bn)	गर्भवती	garbhavatī
geboren worden (ww)	जन्म लेना	janm lena
geboorte (de)	पैदा करना (m)	paida karana
baren (ww)	पैदा करना	paida karana
abortus (de)	गर्भपात (m)	garbhapāt
ademhaling (de)	साँस (f)	sāns
inademing (de)	साँस अंदर खींचना (f)	sāns andar khīnchana
uitademing (de)	साँस बाहर छोड़ना (f)	sāns bāhar chhorana
uitademen (ww)	साँस बाहर छोड़ना	sāns bāhar chhorana
inademen (ww)	साँस अंदर खींचना	sāns andar khīnchana
invalide (de)	अपाहिज (m)	apāhij
gehandicapte (de)	लूला (m)	lūla

drugsverslaafde (de)	नशेबाज़ (m)	nashebāz
doof (bn)	बहरा	bahara
stom (bn)	गूँगा	gūnga
doofstom (bn)	बहरा और गूँगा	bahara aur gūnga
krankzinnig (bn)	पागल	pāgal
krankzinnige (man)	पगला (m)	pagala
krankzinnige (vrouw)	पगली (f)	pagalī
krankzinnig worden	पागल हो जाना	pāgal ho jāna
gen (het)	वंशाणु (m)	vanshānu
immuniteit (de)	रोग प्रतिरोधक शक्ति (f)	rog pratirodhak shakti
erfelijk (bn)	जन्मजात	janmajāt
aangeboren (bn)	पैदाइशी	paidaishī
virus (het)	विषाणु (m)	vishānu
microbe (de)	कीटाणु (m)	kītānu
bacterie (de)	जीवाणु (m)	jīvānu
infectie (de)	संक्रमण (m)	sankraman

50. Symptomen. Behandelingen. Deel 3

ziekenhuis (het)	अस्पताल (m)	aspatāl
patiënt (de)	मरीज़ (m)	marīz
diagnose (de)	रोग-निर्णय (m)	rog-nirnay
genezing (de)	इलाज (m)	ilāj
medische behandeling (de)	चिकित्सीय उपचार (m)	chikitsīy upachār
onder behandeling zijn	इलाज कराना	ilāj karāna
behandelen (ww)	इलाज करना	ilāj karana
zorgen (zieken ~)	देखभाल करना	dekhabhāl karana
ziekenzorg (de)	देखभाल (f)	dekhabhāl
operatie (de)	ऑपरेशन (m)	opareshan
verbinden (een arm ~)	पट्टी बाँधना	pattī bāndhana
verband (het)	पट्टी (f)	pattī
vaccin (het)	टीका (m)	tīka
inenten (vaccineren)	टीका लगाना	tīka lagāna
injectie (de)	इंजेक्शन (m)	injekshan
een injectie geven	इंजेक्शन लगाना	injekshan lagāna
amputatie (de)	अंगविच्छेद (f)	angavichchhed
amputeren (ww)	अंगविच्छेद करना	angavichchhed karana
coma (het)	कोमा (m)	koma
in coma liggen	कोमा में चले जाना	koma men chale jāna
intensieve zorg, ICU (de)	गहन चिकित्सा (f)	gahan chikitsa
zich herstellen (ww)	ठीक हो जाना	thīk ho jāna
toestand (de)	हालत (m)	hālat
bewustzijn (het)	होश (m)	hosh
geheugen (het)	याददाश्त (f)	yādadāsht
trekken (een kies ~)	दाँत निकालना	dānt nikālana
vulling (de)	भराव (m)	bharāv

vullen (ww)	दाँत को भरना	dānt ko bharana
hypnose (de)	हिपनोसिस (m)	hipanosis
hypnotiseren (ww)	हिपनोटाइज़ करना	hipanotaiz karana

51. Artsen

dokter, arts (de)	डॉक्टर (m)	doktar
ziekenzuster (de)	नर्स (m)	nars
lijfarts (de)	निजी डॉक्टर (m)	nijī doktar

tandarts (de)	दंत-चिकित्सक (m)	dant-chikitsak
oogarts (de)	आँखों का डॉक्टर (m)	ānkhon ka doktar
therapeut (de)	चिकित्सक (m)	chikitsak
chirurg (de)	शल्य-चिकित्सक (m)	shaly-chikitsak

psychiater (de)	मनोरोग चिकित्सक (m)	manorog chikitsak
pediater (de)	बाल-चिकित्सक (m)	bāl-chikitsak
psycholoog (de)	मनोवैज्ञानिक (m)	manovaigyānik
gynaecoloog (de)	प्रसूतिशास्री (f)	prasūtishāsrī
cardioloog (de)	हृदय रोग विशेषज्ञ (m)	hrday rog visheshagy

52. Geneeskunde. Medicijnen. Accessoires

geneesmiddel (het)	दवा (f)	dava
middel (het)	दवाई (f)	davaī
voorschrijven (ww)	नुसख़ा लिखना	nusakha likhana
recept (het)	नुसख़ा (m)	nusakha

tablet (de/het)	गोली (f)	golī
zalf (de)	मरहम (m)	maraham
ampul (de)	एम्प्यूल (m)	empyūl
drank (de)	सिरप (m)	sirap
siroop (de)	शरबत (m)	sharabat
pil (de)	गोली (f)	golī
poeder (de/het)	चूरन (m)	chūran

verband (het)	पट्टी (f)	pattī
watten (mv.)	रुई का गोला (m)	ruī ka gola
jodium (het)	आयोडीन (m)	āyodīn
pleister (de)	बैंड-एड (m)	baind-ed
pipet (de)	आई-ड्रॉपर (m)	āī-dropar
thermometer (de)	थर्मामीटर (m)	tharamāmītar
spuit (de)	इंजेक्शन (m)	injekshan

| rolstoel (de) | व्हीलचेयर (f) | vhīlacheyar |
| krukken (mv.) | बैसाखी (m pl) | baisākhī |

pijnstiller (de)	दर्द-निवारक (f)	dard-nivārak
laxeermiddel (het)	जुलाब की गोली (f)	julāb kī golī
spiritus (de)	स्पिरिट (m)	spirit
medicinale kruiden (mv.)	जड़ी-बूटी (f)	jarī-būtī
kruiden- (abn)	जड़ी-बूटियों से बना	jarī-būtiyon se bana

HET MENSELIJKE LEEFGEBIED

Stad

53. Stad. Het leven in de stad

stad (de)	नगर (m)	nagar
hoofdstad (de)	राजधानी (f)	rājadhānī
dorp (het)	गाँव (m)	gānv
plattegrond (de)	नगर का नक्शा (m)	nagar ka naksha
centrum (ov. een stad)	नगर का केन्द्र (m)	nagar ka kendr
voorstad (de)	उपनगर (m)	upanagar
voorstads- (abn)	उपनगरिक	upanagarik
randgemeente (de)	बाहरी इलाका (m)	bāharī ilāka
omgeving (de)	इर्दगिर्द के इलाके (m pl)	irdagird ke ilāke
blok (huizenblok)	सेक्टर (m)	sektar
woonwijk (de)	मुहल्ला (m)	muhalla
verkeer (het)	यातायात (f)	yātāyāt
verkeerslicht (het)	यातायात सिग्नल (m)	yātāyāt signal
openbaar vervoer (het)	जन परिवहन (m)	jan parivahan
kruispunt (het)	चौराहा (m)	chaurāha
zebrapad (oversteekplaats)	ज़ेबरा क्रॉसिंग (f)	zebara krosing
onderdoorgang (de)	पैदल यात्रियों के लिए अंडरपास (f)	paidal yātriyon ke lie andarapās
oversteken (de straat ~)	सड़क पार करना	sarak pār karana
voetganger (de)	पैदल-यात्री (m)	paidal-yātrī
trottoir (het)	फुटपाथ (m)	futapāth
brug (de)	पुल (m)	pul
dijk (de)	तट (m)	tat
fontein (de)	फौवारा (m)	fauvāra
allee (de)	छायापथ (f)	chhāyāpath
park (het)	पार्क (m)	pārk
boulevard (de)	चौड़ी सड़क (m)	chaurī sarak
plein (het)	मैदान (m)	maidān
laan (de)	मार्ग (m)	mārg
straat (de)	सड़क (f)	sarak
zijstraat (de)	गली (f)	galī
doodlopende straat (de)	बंद गली (f)	band galī
huis (het)	मकान (m)	makān
gebouw (het)	इमारत (f)	imārat
wolkenkrabber (de)	गगनचुंबी भवन (f)	gaganachumbī bhavan
gevel (de)	अगवाड़ा (m)	agavāra

dak (het)	छत (f)	chhat
venster (het)	खिड़की (f)	khirakī
boog (de)	मेहराब (m)	meharāb
pilaar (de)	स्तंभ (m)	stambh
hoek (ov. een gebouw)	कोना (m)	kona

vitrine (de)	दुकान का शो-केस (m)	dukān ka sho-kes
gevelreclame (de)	साईनबोर्ड (m)	saīnabord
affiche (de/het)	पोस्टर (m)	postar
reclameposter (de)	विज्ञापन पोस्टर (m)	vigyāpan postar
aanplakbord (het)	बिलबोर्ड (m)	bilabord

vuilnis (de/het)	कूड़ा (m)	kūra
vuilnisbak (de)	कूड़े का डिब्बा (m)	kūre ka dibba
afval weggooien (ww)	कूड़ा-करकट डालना	kūra-karkat dālana
stortplaats (de)	डम्पिंग ग्राउंड (m)	damping graund

telefooncel (de)	फ़ोन बूथ (m)	fon būth
straatlicht (het)	बिजली का खंभा (m)	bijalī ka khambha
bank (de)	पार्क-बेंच (f)	pārk-bench

politieagent (de)	पुलिसवाला (m)	pulisavāla
politie (de)	पुलिस (m)	pulis
zwerver (de)	भिखारी (m)	bhikhārī
dakloze (de)	बेघर (m)	beghar

54. Stedelijke instellingen

winkel (de)	दुकान (f)	dukān
apotheek (de)	दवाख़ाना (m)	davākhāna
optiek (de)	चश्मे की दुकान (f)	chashme kī dukān
winkelcentrum (het)	शॉपिंग मॉल (m)	shoping mol
supermarkt (de)	सुपर बाज़ार (m)	supar bāzār

bakkerij (de)	बेकरी (f)	bekarī
bakker (de)	बेकर (m)	bekar
banketbakkerij (de)	टॉफ़ी की दुकान (f)	tofī kī dukān
kruidenier (de)	परचून की दुकान (f)	parachūn kī dukān
slagerij (de)	गोश्त की दुकान (f)	gosht kī dukān

groentewinkel (de)	सब्ज़ियों की दुकान (f)	sabziyon kī dukān
markt (de)	बाज़ार (m)	bāzār

koffiehuis (het)	काफ़ी हाउस (m)	kāfī haus
restaurant (het)	रेस्टरॉं (m)	restarān
bar (de)	शराबख़ाना (m)	sharābakhāna
pizzeria (de)	पिट्ज़ा की दुकान (f)	pitza kī dukān

kapperssalon (de/het)	नाई की दुकान (f)	naī kī dukān
postkantoor (het)	डाकघर (m)	dākaghar
stomerij (de)	ड्राइक्लीनर (m)	draiklīnar
fotostudio (de)	फ़ोटो की दुकान (f)	foto kī dukān
schoenwinkel (de)	जूते की दुकान (f)	jūte kī dukān
boekhandel (de)	किताबों की दुकान (f)	kitābon kī dukān

sportwinkel (de)	खेलकूद की दुकान (f)	khelakūd kī dukān
kledingreparatie (de)	कपड़ों की मरम्मत की दुकान (f)	kaparon kī marammat kī dukān
kledingverhuur (de)	कपड़ों को किराए पर देने की दुकान (f)	kaparon ko kirae par dene kī dukān
videotheek (de)	वीडियो रेन्टल दुकान (f)	vīdiyo rental dukān
circus (de/het)	सर्कस (m)	sarkas
dierentuin (de)	चिड़ियाघर (m)	chiriyāghar
bioscoop (de)	सिनेमाघर (m)	sinemāghar
museum (het)	संग्रहालय (m)	sangrahālay
bibliotheek (de)	पुस्तकालय (m)	pustakālay
theater (het)	रंगमंच (m)	rangamanch
opera (de)	ओपेरा (m)	opera
nachtclub (de)	नाईट क्लब (m)	naīt klab
casino (het)	केसिनो (m)	kesino
moskee (de)	मस्जिद (m)	masjid
synagoge (de)	सीनागोग (m)	sīnāgog
kathedraal (de)	गिरजाघर (m)	girajāghar
tempel (de)	मंदिर (m)	mandir
kerk (de)	गिरजाघर (m)	girajāghar
instituut (het)	कॉलेज (m)	kolej
universiteit (de)	विश्वविद्यालय (m)	vishvavidyālay
school (de)	विद्यालय (m)	vidyālay
gemeentehuis (het)	प्रशासक प्रान्त (m)	prashāsak prānt
stadhuis (het)	सिटी हॉल (m)	sitī hol
hotel (het)	होटल (f)	hotal
bank (de)	बैंक (m)	baink
ambassade (de)	दूतावस (m)	dūtāvas
reisbureau (het)	पर्यटन आफिस (m)	paryatan āfis
informatieloket (het)	पूछताछ कार्यालय (m)	pūchhatāchh kāryālay
wisselkantoor (het)	मुद्रालय (m)	mudrālay
metro (de)	मेट्रो (m)	metro
ziekenhuis (het)	अस्पताल (m)	aspatāl
benzinestation (het)	पेट्रोल पम्प (f)	petrol pamp
parking (de)	पार्किंग (f)	pārking

55. Borden

gevelreclame (de)	साईनबोर्ड (m)	saīnabord
opschrift (het)	दुकान का साईन (m)	dukān ka saīn
poster (de)	पोस्टर (m)	postar
wegwijzer (de)	दिशा संकेतक (m)	disha sanketak
pijl (de)	तीर दिशा संकेतक (m)	tīr disha sanketak
waarschuwing (verwittiging)	चेतावनी (f)	chetāvanī
waarschuwingsbord (het)	चेतावनी संकेतक (m)	chetāvanī sanketak

waarschuwen (ww)	चेतावनी देना	chetāvanī dena
vrije dag (de)	छुट्टी का दिन (m)	chhuttī ka din
dienstregeling (de)	समय सारणी (f)	samay sāranī
openingsuren (mv.)	खुलने का समय (m)	khulane ka samay
WELKOM!	आपका स्वागत है!	āpaka svāgat hai!
INGANG	प्रवेश	pravesh
UITGANG	निकास	nikās
DUWEN	धक्का दें	dhakka den
TREKKEN	खींचे	khīnche
OPEN	खुला	khula
GESLOTEN	बंद	band
DAMES	औरतों के लिये	auraton ke liye
HEREN	आदमियों के लिये	ādamiyon ke liye
KORTING	डिस्काउन्ट	diskaunt
UITVERKOOP	सेल	sel
NIEUW!	नया!	naya!
GRATIS	मुफ्त	muft
PAS OP!	ध्यान दें!	dhyān den!
VOLGEBOEKT	कोई जगह खाली नहीं है	koī jagah khālī nahin hai
GERESERVEERD	रिज़र्वड	rizarvad
ADMINISTRATIE	प्रशासन	prashāsan
ALLEEN VOOR PERSONEEL	केवल कर्मचारियों के लिए	keval karmachāriyon ke lie
GEVAARLIJKE HOND	कुत्ते से सावधान!	kutte se sāvadhān!
VERBODEN TE ROKEN!	धूम्रपान निषेध!	dhumrapān nishedh!
NIET AANRAKEN!	छूना मना!	chhūna mana!
GEVAARLIJK	खतरा	khatara
GEVAAR	खतरा	khatara
HOOGSPANNING	उच्च वोल्टेज	uchch voltej
VERBODEN TE ZWEMMEN	तैरना मना!	tairana mana!
BUITEN GEBRUIK	ख़राब	kharāb
ONTVLAMBAAR	ज्वलनशील	jvalanashīl
VERBODEN	निषिद्ध	nishiddh
DOORGANG VERBODEN	प्रवेश निषेध!	pravesh nishedh!
OPGELET PAS GEVERFD	गीला पेंट	gīla pent

56. Stedelijk vervoer

bus, autobus (de)	बस (f)	bas
tram (de)	ट्रैम (m)	traim
trolleybus (de)	ट्रॉलीबस (f)	trolības
route (de)	मार्ग (m)	mārg
nummer (busnummer, enz.)	नम्बर (m)	nambar
rijden met ...	के माध्यम से जाना	ke mādhyam se jāna
stappen (in de bus ~)	सवार होना	savār hona

afstappen (ww)	उतरना	utarana
halte (de)	बस स्टॉप (m)	bas stop
volgende halte (de)	अगला स्टॉप (m)	agala stop
eindpunt (het)	अंतिम स्टेशन (m)	antim steshan
dienstregeling (de)	समय सारणी (f)	samay sāranī
wachten (ww)	इंतज़ार करना	intazār karana
kaartje (het)	टिकट (m)	tikat
reiskosten (de)	टिकट का किराया (m)	tikat ka kirāya
kassier (de)	कैशियर (m)	kaishiyar
kaartcontrole (de)	टिकट जाँच (f)	tikat jānch
controleur (de)	कंडक्टर (m)	kandaktar
te laat zijn (ww)	देर हो जाना	der ho jāna
missen (de bus ~)	छूट जाना	chhūt jāna
zich haasten (ww)	जल्दी में रहना	jaldī men rahana
taxi (de)	टैक्सी (m)	taiksī
taxichauffeur (de)	टैक्सीवाला (m)	taiksīvāla
met de taxi (bw)	टैक्सी से (m)	taiksī se
taxistandplaats (de)	टैक्सी स्टैंड (m)	taiksī staind
een taxi bestellen	टैक्सी बुलाना	taiksī bulāna
een taxi nemen	टैक्सी लेना	taiksī lena
verkeer (het)	यातायात (f)	yātāyāt
file (de)	ट्रैफ़िक जाम (m)	traifik jām
spitsuur (het)	भीड़ का समय (m)	bhīr ka samay
parkeren (on.ww.)	पार्क करना	pārk karana
parkeren (ov.ww.)	पार्क करना	pārk karana
parking (de)	पार्किंग (f)	pārking
metro (de)	मेट्रो (m)	metro
halte (bijv. kleine treinhalte)	स्टेशन (m)	steshan
de metro nemen	मेट्रो लेना	metro lena
trein (de)	रेलगाड़ी, ट्रेन (f)	relagārī, tren
station (treinstation)	स्टेशन (m)	steshan

57. Bezienswaardigheden

monument (het)	स्मारक (m)	smārak
vesting (de)	किला (m)	kila
paleis (het)	भवन (m)	bhavan
kasteel (het)	महल (m)	mahal
toren (de)	मीनार (m)	mīnār
mausoleum (het)	समाधि (f)	samādhi
architectuur (de)	वस्तुशाला (m)	vastushāla
middeleeuws (bn)	मध्ययुगीय	madhayayugīy
oud (bn)	प्राचीन	prāchīn
nationaal (bn)	राष्ट्रीय	rāshtrīy
bekend (bn)	मशहूर	mashhūr
toerist (de)	पर्यटक (m)	paryatak
gids (de)	गाइड (m)	gaid

rondleiding (de)	पर्यटन यात्रा (m)	paryatan yātra
tonen (ww)	दिखाना	dikhāna
vertellen (ww)	बताना	batāna
vinden (ww)	ढूँढना	dhūnrhana
verdwalen (de weg kwijt zijn)	खो जाना	kho jāna
plattegrond (~ van de metro)	नक्शा (m)	naksha
plattegrond (~ van de stad)	नक्शा (m)	naksha
souvenir (het)	यादगार (m)	yādagār
souvenirwinkel (de)	गिफ़्ट शॉप (f)	gift shop
een foto maken (ww)	फोटो खींचना	foto khīnchana
zich laten fotograferen	अपना फ़ोटो खिंचवाना	apana foto khinchavāna

58. Winkelen

kopen (ww)	खरीदना	kharīdana
aankoop (de)	खरीदारी (f)	kharīdārī
winkelen (ww)	खरीदारी करने जाना	kharīdārī karane jāna
winkelen (het)	खरीदारी (f)	kharīdārī
open zijn (ov. een winkel, enz.)	खुला होना	khula hona
gesloten zijn (ww)	बन्द होना	band hona
schoeisel (het)	जूता (m)	jūta
kleren (mv.)	पोशाक (m)	poshāk
cosmetica (de)	शृंगार-सामग्री (f)	shrrngār-sāmagrī
voedingswaren (mv.)	खाने-पीने की चीज़ें (f pl)	khāne-pīne kī chīzen
geschenk (het)	उपहार (m)	upahār
verkoper (de)	बेचनेवाला (m)	bechanevāla
verkoopster (de)	बेचनेवाली (f)	bechanevālī
kassa (de)	कैश-काउन्टर (m)	kaish-kauntar
spiegel (de)	आईना (m)	āīna
toonbank (de)	काउन्टर (m)	kauntar
paskamer (de)	ट्राई करने का कमरा (m)	traī karane ka kamara
aanpassen (ww)	ट्राई करना	traī karana
passen (ov. kleren)	फिटिंग करना	fiting karana
bevallen (prettig vinden)	पसंद करना	pasand karana
prijs (de)	दाम (m)	dām
prijskaartje (het)	प्राइस टैग (m)	prais taig
kosten (ww)	दाम होना	dām hona
Hoeveel?	कितना?	kitana?
korting (de)	डिस्काउन्ट (m)	diskaunt
niet duur (bn)	सस्ता	sasta
goedkoop (bn)	सस्ता	sasta
duur (bn)	महंगा	mahanga
Dat is duur.	यह महंगा है	yah mahanga hai
verhuur (de)	रेन्टल (m)	rental

huren (smoking, enz.)	किराए पर लेना	kirae par lena
krediet (het)	क्रेडिट (m)	kredit
op krediet (bw)	क्रेडिट पर	kredit par

59. Geld

geld (het)	पैसा (m pl)	paisa
ruil (de)	मुद्रा विनिमय (m)	mudra vinimay
koers (de)	विनिमय दर (m)	vinimay dar
geldautomaat (de)	एटीएम (m)	etīem
muntstuk (de)	सिक्का (m)	sikka
dollar (de)	डॉलर (m)	dolar
euro (de)	यूरो (m)	yūro
lire (de)	लीरा (f)	līra
Duitse mark (de)	डचमार्क (m)	dachamārk
frank (de)	फ़्रांक (m)	frānk
pond sterling (het)	पाउन्ड स्टरलिंग (m)	paund staraling
yen (de)	येन (m)	yen
schuld (geldbedrag)	कर्ज़ (m)	karz
schuldenaar (de)	क़र्ज़दार (m)	qarzadār
uitlenen (ww)	कर्ज़ देना	karz dena
lenen (geld ~)	कर्ज़ लेना	karz lena
bank (de)	बैंक (m)	baink
bankrekening (de)	बैंक खाता (m)	baink khāta
op rekening storten	बैंक खाते में जमा करना	baink khāte men jama karana
opnemen (ww)	खाते से पैसे निकालना	khāte se paise nikālana
kredietkaart (de)	क्रेडिट कार्ड (m)	kredit kārd
baar geld (het)	कैश (m pl)	kaish
cheque (de)	चेक (m)	chek
een cheque uitschrijven	चेक लिखना	chek likhana
chequeboekje (het)	चेकबुक (f)	chekabuk
portefeuille (de)	बटुआ (m)	batua
geldbeugel (de)	बटुआ (m)	batua
safe (de)	लॉकर (m)	lokar
erfgenaam (de)	उत्तराधिकारी (m)	uttarādhikārī
erfenis (de)	उत्तराधिकार (m)	uttarādhikār
fortuin (het)	संपत्ति (f)	sampatti
huur (de)	किराये पर देना (m)	kirāye par dena
huurprijs (de)	किराया (m)	kirāya
huren (huis, kamer)	किराए पर लेना	kirae par lena
prijs (de)	दाम (m)	dām
kostprijs (de)	क़ीमत (f)	kīmat
som (de)	रक़म (m)	raqam
uitgeven (geld besteden)	खर्च करना	kharch karana
kosten (mv.)	खर्च (m pl)	kharch

bezuinigen (ww)	बचत करना	bachat karana
zuinig (bn)	किफ़ायती	kifāyatī
betalen (ww)	दाम चुकाना	dām chukāna
betaling (de)	भुगतान (m)	bhugatān
wisselgeld (het)	चिल्लर (m)	chillar
belasting (de)	टैक्स (m)	taiks
boete (de)	जुर्माना (m)	jurmāna
beboeten (bekeuren)	जुर्माना लगाना	jurmāna lagāna

60. Post. Postkantoor

postkantoor (het)	डाकघर (m)	dākaghar
post (de)	डाक (m)	dāk
postbode (de)	डाकिया (m)	dākiya
openingsuren (mv.)	खुलने का समय (m)	khulane ka samay
brief (de)	पत्र (m)	patr
aangetekende brief (de)	रजिस्टरी पत्र (m)	rajistarī patr
briefkaart (de)	पोस्ट कार्ड (m)	post kārd
telegram (het)	तार (m)	tār
postpakket (het)	पार्सल (f)	pārsal
overschrijving (de)	मनी ट्रांसफर (m)	manī trānsafar
ontvangen (ww)	पाना	pāna
sturen (zenden)	भेजना	bhejana
verzending (de)	भेज (m)	bhej
adres (het)	पता (m)	pata
postcode (de)	पिन कोड (m)	pin kod
verzender (de)	भेजनेवाला (m)	bhejanevāla
ontvanger (de)	पानेवाला (m)	pānevāla
naam (de)	पहला नाम (m)	pahala nām
achternaam (de)	उपनाम (m)	upanām
tarief (het)	डाक दर (m)	dāk dar
standaard (bn)	मानक	mānak
zuinig (bn)	किफ़ायती	kifāyatī
gewicht (het)	वज़न (m)	vazan
afwegen (op de weegschaal)	तोलना	tolana
envelop (de)	लिफ़ाफ़ा (m)	lifāfa
postzegel (de)	डाक टिकट (m)	dāk tikat
een postzegel plakken op	डाक टिकट लगाना	dāk tikat lagāna

Woning. Huis. Thuis

61. Huis. Elektriciteit

elektriciteit (de)	बिजली (f)	bijalī
lamp (de)	बल्ब (m)	balb
schakelaar (de)	स्विच (m)	svich
zekering (de)	फ्यूज़ बटन (m)	fyūz batan
draad (de)	तार (m)	tār
bedrading (de)	तार (m)	tār
elektriciteitsmeter (de)	बिजली का मीटर (m)	bijalī ka mītar
gegevens (mv.)	मीटर रीडिंग (f)	mītar rīding

62. Villa. Herenhuis

landhuisje (het)	गाँव का मकान (m)	gānv ka makān
villa (de)	बंगला (m)	bangala
vleugel (de)	खंड (m)	khand
tuin (de)	बाग़ (m)	bāg
park (het)	पार्क (m)	pārk
oranjerie (de)	ग्रीनहाउस (m)	grīnahaus
onderhouden (tuin, enz.)	देखभाल करना	dekhabhāl karana
zwembad (het)	तरण-ताल (m)	taran-tāl
gym (het)	व्यायाम कक्ष (m)	vyāyām kaksh
tennisveld (het)	टेनिस-कोर्ट (m)	tenis-kort
bioscoopkamer (de)	सिनेमाघर (m)	sinemāghar
garage (de)	गराज (m)	garāj
privé-eigendom (het)	नीजी सम्पत्ति (f)	nījī sampatti
eigen terrein (het)	नीजी ज़मीन (f)	nījī zamīn
waarschuwing (de)	चेतावनी (f)	chetāvanī
waarschuwingsbord (het)	चेतावनी संकेत (m)	chetāvanī sanket
bewaking (de)	सुरक्षा (f)	suraksha
bewaker (de)	पहरेदार (m)	paharedār
inbraakalarm (het)	चोर घंटी (f)	chor ghantī

63. Appartement

appartement (het)	फ़्लैट (f)	flait
kamer (de)	कमरा (m)	kamara
slaapkamer (de)	सोने का कमरा (m)	sone ka kamara

eetkamer (de)	खाने का कमरा (m)	khāne ka kamara
salon (de)	बैठक (f)	baithak
studeerkamer (de)	घरेलू कार्यालय (m)	gharelū kāryālay
gang (de)	प्रवेश कक्ष (m)	pravesh kaksh
badkamer (de)	स्नानघर (m)	snānaghar
toilet (het)	शौचालय (m)	shauchālay
plafond (het)	छत (f)	chhat
vloer (de)	फ़र्श (m)	farsh
hoek (de)	कोना (m)	kona

64. Meubels. Interieur

meubels (mv.)	फ़र्निचर (m)	farnichar
tafel (de)	मेज़ (f)	mez
stoel (de)	कुर्सी (f)	kursī
bed (het)	पलंग (m)	palang
bankstel (het)	सोफ़ा (m)	sofa
fauteuil (de)	हत्थे वाली कुर्सी (f)	hatthe vālī kursī
boekenkast (de)	किताबों की अलमारी (f)	kitābon kī alamārī
boekenrek (het)	शेल्फ़ (f)	shelf
kledingkast (de)	कपड़ों की अलमारी (f)	kaparon kī alamārī
kapstok (de)	खूँटी (f)	khūntī
staande kapstok (de)	खूँटी (f)	khūntī
commode (de)	कपड़ों की अलमारी (f)	kaparon kī alamārī
salontafeltje (het)	कॉफ़ी की मेज़ (f)	kofī kī mez
spiegel (de)	आईना (m)	āīna
tapijt (het)	कालीन (m)	kālīn
tapijtje (het)	दरी (f)	darī
haard (de)	चिमनी (f)	chimanī
kaars (de)	मोमबत्ती (f)	momabattī
kandelaar (de)	मोमबत्तीदान (m)	momabattīdān
gordijnen (mv.)	परदे (m pl)	parade
behang (het)	वॉल पेपर (m)	vol pepar
jaloezie (de)	जेलुज़ी (f pl)	jeluzī
bureaulamp (de)	मेज़ का लैम्प (m)	mez ka laimp
wandlamp (de)	दिवार का लैम्प (m)	divār ka laimp
staande lamp (de)	फ़र्श का लैम्प (m)	farsh ka laimp
luchter (de)	झूमर (m)	jhūmar
poot (ov. een tafel, enz.)	पाँव (m)	pānv
armleuning (de)	कुर्सी का हत्था (m)	kursī ka hattha
rugleuning (de)	कुर्सी की पीठ (f)	kursī kī pīth
la (de)	दराज़ (m)	darāz

65. Beddengoed

beddengoed (het)	बिस्तर के कपड़े (m)	bistar ke kapare
kussen (het)	तकिया (m)	takiya
kussenovertrek (de)	ग़िलाफ़ (m)	gilāf
deken (de)	रज़ाई (f)	razāī
laken (het)	चादर (f)	chādar
sprei (de)	चादर (f)	chādar

66. Keuken

keuken (de)	रसोईघर (m)	rasoīghar
gas (het)	गैस (m)	gais
gasfornuis (het)	गैस का चूल्हा (m)	gais ka chūlha
elektrisch fornuis (het)	बिजली का चूल्हा (m)	bijalī ka chūlha
oven (de)	ओवन (m)	ovan
magnetronoven (de)	माइक्रोवेव ओवन (m)	maikrovev ovan
koelkast (de)	फ़ुज़ि (m)	frij
diepvriezer (de)	फ़्रीज़र (m)	frījar
vaatwasmachine (de)	डिशवॉशर (m)	dishavoshar
vleesmolen (de)	कीमा बनाने की मशीन (f)	kīma banāne kī mashīn
vruchtenpers (de)	जूसर (m)	jūsar
toaster (de)	टोस्टर (m)	tostar
mixer (de)	मिक्सर (m)	miksar
koffiemachine (de)	कॉफ़ी मशीन (f)	kofī mashīn
koffiepot (de)	कॉफ़ी पॉट (m)	kofī pot
koffiemolen (de)	कॉफ़ी पीसने की मशीन (f)	kofī pīsane kī mashīn
fluitketel (de)	केतली (f)	ketalī
theepot (de)	चायदानी (f)	chāyadānī
deksel (de/het)	ढक्कन (m)	dhakkan
theezeefje (het)	छलनी (f)	chhalanī
lepel (de)	चम्मच (m)	chammach
theelepeltje (het)	चम्मच (m)	chammach
eetlepel (de)	चम्मच (m)	chammach
vork (de)	काँटा (m)	kānta
mes (het)	छुरी (f)	chhurī
vaatwerk (het)	बरतन (m)	baratan
bord (het)	तश्तरी (f)	tashtarī
schoteltje (het)	तश्तरी (f)	tashtarī
likeurglas (het)	जाम (m)	jām
glas (het)	गिलास (m)	gilās
kopje (het)	प्याला (m)	pyāla
suikerpot (de)	चीनीदानी (f)	chīnīdānī
zoutvat (het)	नमकदानी (m)	namakadānī
pepervat (het)	मिर्चदानी (f)	mirchadānī

boterschaaltje (het)	मक्खनदानी (f)	makkhanadānī
steelpan (de)	सॉसपैन (m)	sosapain
bakpan (de)	फ़्राइ पैन (f)	frai pain
pollepel (de)	डोई (f)	doī
vergiet (de/het)	कालेन्डर (m)	kālendar
dienblad (het)	थाली (m)	thālī
fles (de)	बोतल (f)	botal
glazen pot (de)	शीशी (f)	shīshī
blik (conserven~)	डिब्बा (m)	dibba
flesopener (de)	बोतल ओपनर (m)	botal opanar
blikopener (de)	ओपनर (m)	opanar
kurkentrekker (de)	पेंचकस (m)	penchakas
filter (de/het)	फ़िल्टर (m)	filtar
filteren (ww)	फ़िल्टर करना	filtar karana
huisvuil (het)	कूड़ा (m)	kūra
vuilnisemmer (de)	कूड़े की बाल्टी (f)	kūre kī bāltī

67. Badkamer

badkamer (de)	स्नानघर (m)	snānaghar
water (het)	पानी (m)	pānī
kraan (de)	नल (m)	nal
warm water (het)	गरम पानी (m)	garam pānī
koud water (het)	ठंडा पानी (m)	thanda pānī
tandpasta (de)	टूथपेस्ट (m)	tūthapest
tanden poetsen (ww)	दाँत ब्रश करना	dānt brash karana
zich scheren (ww)	शेव करना	shev karana
scheercrème (de)	शेविंग फ़ोम (m)	sheving fom
scheermes (het)	रेज़र (f)	rezar
wassen (ww)	धोना	dhona
een bad nemen	नहाना	nahāna
douche (de)	शावर (m)	shāvar
een douche nemen	शावर लेना	shāvar lena
bad (het)	बाथटब (m)	bāthatab
toiletpot (de)	संडास (m)	sandās
wastafel (de)	सिंक (m)	sink
zeep (de)	साबुन (m)	sābun
zeepbakje (het)	साबुनदानी (f)	sābunadānī
spons (de)	स्पंज (f)	spanj
shampoo (de)	शैम्पू (m)	shaimpū
handdoek (de)	तौलिया (f)	tauliya
badjas (de)	चोगा (m)	choga
was (bijv. handwas)	धुलाई (f)	dhulaī
wasmachine (de)	वॉशिंग मशीन (f)	voshing mashīn

de was doen	कपड़े धोना	kapare dhona
waspoeder (de)	कपड़े धोने का पाउडर (m)	kapare dhone ka paudar

68. Huishoudelijke apparaten

televisie (de)	टीवी सेट (m)	tīvī set
cassettespeler (de)	टेप रिकार्डर (m)	tep rikārdar
videorecorder (de)	वीडियो टेप रिकार्डर (m)	vīdiyo tep rikārdar
radio (de)	रेडियो (m)	rediyo
speler (de)	प्लेयर (m)	pleyar
videoprojector (de)	वीडियो प्रोजेक्टर (m)	vīdiyo projektar
home theater systeem (het)	होम थीएटर (m)	hom thīetar
DVD-speler (de)	डीवीडी प्लेयर (m)	dīvīdī pleyar
versterker (de)	ध्वनि-विस्तारक (m)	dhvani-vistārak
spelconsole (de)	वीडियो गेम कन्सोल (m)	vīdiyo gem kansol
videocamera (de)	वीडियो कैमरा (m)	vīdiyo kaimara
fotocamera (de)	कैमरा (m)	kaimara
digitale camera (de)	डीजिटल कैमरा (m)	dījital kaimara
stofzuiger (de)	वैक्यूम क्लीनर (m)	vaikyūm klīnar
strijkijzer (het)	इस्तरी (f)	istarī
strijkplank (de)	इस्तरी तख्ता (m)	istarī takhta
telefoon (de)	टेलीफ़ोन (m)	telīfon
mobieltje (het)	मोबाइल फ़ोन (m)	mobail fon
schrijfmachine (de)	टाइपराइटर (m)	taiparaitar
naaimachine (de)	सिलाई मशीन (f)	silaī mashīn
microfoon (de)	माइक्रोफ़ोन (m)	maikrofon
koptelefoon (de)	हैडफ़ोन (m pl)	hairafon
afstandsbediening (de)	रिमोट (m)	rimot
CD (de)	सीडी (m)	sīdī
cassette (de)	कैसेट (f)	kaiset
vinylplaat (de)	रिकार्ड (m)	rikārd

MENSELIJKE ACTIVITEITEN

Baan. Business. Deel 1

69. Kantoor. Op kantoor werken

Nederlands	Hindi	Transliteratie
kantoor (het)	कार्यालय (m)	kāryālay
kamer (de)	कार्यालय (m)	kāryālay
receptie (de)	रिसेप्शन (m)	risepshan
secretaresse (de)	सेक्रटरी (f)	sekratarī
directeur (de)	निदेशक (m)	nideshak
manager (de)	मैनेजर (m)	mainejar
boekhouder (de)	लेखापाल (m)	lekhāpāl
werknemer (de)	कर्मचारी (m)	karmachārī
meubilair (het)	फ़र्निचर (m)	farnichar
tafel (de)	मेज़ (f)	mez
bureaustoel (de)	कुर्सी (f)	kursī
ladeblok (het)	साइड टेबल (f)	said tebal
kapstok (de)	खूँटी (f)	khūntī
computer (de)	कंप्यूटर (m)	kampyūtar
printer (de)	प्रिन्टर (m)	printar
fax (de)	फ़ैक्स मशीन (f)	faiks mashīn
kopieerapparaat (het)	ज़ीरोक्स (m)	zīroks
papier (het)	काग़ज़ (m)	kāgaz
kantoorartikelen (mv.)	स्टेशनरी (m pl)	steshanarī
muismat (de)	माउस पैड (m)	maus paid
blad (het)	पन्ना (m)	panna
ordner (de)	बाइन्डर (m)	baindar
catalogus (de)	कैटेलॉग (m)	kaitelog
telefoongids (de)	डाइरेक्टरी (f)	dairektarī
documentatie (de)	दस्तावेज़ (m)	dastāvez
brochure (de)	पुस्तिका (f)	pustika
flyer (de)	पर्ची (m)	parcha
monster (het), staal (de)	नमूना (m)	namūna
training (de)	प्रशिक्षण बैठक (f)	prashikshan baithak
vergadering (de)	बैठक (f)	baithak
lunchpauze (de)	मध्यान्तर (m)	madhyāntar
een kopie maken	कॉपी करना	kopī karana
de kopieën maken	ज़ीरोक्स करना	zīroks karana
een fax ontvangen	फ़ैक्स मिलना	faiks milana
een fax versturen	फ़ैक्स भेजना	faiks bhejana
opbellen (ww)	फ़ोन करना	fon karana

antwoorden (ww)	जवाब देना	javāb dena
doorverbinden (ww)	फ़ोन ट्रांस्फ़र करना	fon trānsfar karana
afspreken (ww)	व्यवस्थित करना	vyavasthit karana
demonstreren (ww)	प्रदर्शित करना	pradarshit karana
absent zijn (ww)	अनुपस्थित होना	anupasthit hona
afwezigheid (de)	अनुपस्थिती (f)	anupasthitī

70. Bedrijfsprocessen. Deel 1

zaak (de), beroep (het)	पेशा (m)	pesha
firma (de)	कम्पनी (f)	kampanī
bedrijf (maatschap)	कम्पनी (f)	kampanī
corporatie (de)	निगम (m)	nigam
onderneming (de)	उद्योग (m)	udyog
agentschap (het)	एजेंसी (f)	ejensī
overeenkomst (de)	समझौता (f)	samajhauta
contract (het)	ठेका (m)	theka
transactie (de)	सौदा (f)	sauda
bestelling (de)	आर्डर (m)	ārdar
voorwaarde (de)	शर्तें (f)	sharten
in het groot (bw)	थोक	thok
groothandels- (abn)	थोक	thok
groothandel (de)	थोक (m)	thok
kleinhandels- (abn)	खुदरा	khudara
kleinhandel (de)	खुदरा (m)	khudara
concurrent (de)	प्रतियोगी (m)	pratiyogī
concurrentie (de)	प्रतियोगिता (f)	pratiyogita
concurreren (ww)	प्रतियोगिता करना	pratiyogita karana
partner (de)	सहयोगी (f)	sahayogī
partnerschap (het)	साझेदारी (f)	sājhedārī
crisis (de)	संकट (m)	sankat
bankroet (het)	दिवाला (m)	divāla
bankroet gaan (ww)	दिवालिया हो जाना	divāliya ho jāna
moeilijkheid (de)	कठिनाई (f)	kathinaī
probleem (het)	समस्या (f)	samasya
catastrofe (de)	दुर्घटना (f)	durghatana
economie (de)	अर्थशास्त्र (f)	arthashāstr
economisch (bn)	आर्थिक	ārthik
economische recessie (de)	अर्थिक गिरावट (f)	arthik girāvat
doel (het)	लक्ष्य (m)	lakshy
taak (de)	कार्य (m)	kāry
handelen (handel drijven)	व्यापार करना	vyāpār karana
netwerk (het)	जाल (m)	jāl
voorraad (de)	गोदाम (m)	godām
assortiment (het)	किस्म (m)	kism

leider (de)	लीडर (m)	līdar
groot (bn)	विशाल	vishāl
monopolie (het)	एकाधिकार (m)	ekādhikār

theorie (de)	सिद्धांत (f)	siddhānt
praktijk (de)	व्यवहार (f)	vyavahār
ervaring (de)	अनुभव (m)	anubhav
tendentie (de)	प्रवृत्ति (f)	pravrtti
ontwikkeling (de)	विकास (m)	vikās

71. Bedrijfsprocessen. Deel 2

| voordeel (het) | लाभ (f) | lābh |
| voordelig (bn) | फ़ायदेमन्द | fāyademand |

delegatie (de)	प्रतिनिधिमंडल (f)	pratinidhimandal
salaris (het)	आय (f)	āy
corrigeren (fouten ~)	ठीक करना	thīk karana
zakenreis (de)	व्यापारिक यात्रा (f)	vyāpārik yātra
commissie (de)	आयोग (f)	āyog

controleren (ww)	जांचना	jānchana
conferentie (de)	सम्मेलन (m)	sammelan
licentie (de)	अनुज्ञप्ति (f)	anugyapti
betrouwbaar (partner, enz.)	विश्वसनीय	vishvasanīy

aanzet (de)	पहल (f)	pahal
norm (bijv. ~ stellen)	मानक (m)	mānak
omstandigheid (de)	परिस्थिति (f)	paristhiti
taak, plicht (de)	कर्तव्य (m)	kartavy

organisatie (bedrijf, zaak)	संगठन (f)	sangathan
organisatie (proces)	आयोजन (m)	āyojan
georganiseerd (bn)	आयोजित	āyojit
afzegging (de)	निरस्तीकरण (m)	nirastīkaran
afzeggen (ww)	रद्द करना	radd karana
verslag (het)	रिपोर्ट (m)	riport

patent (het)	पेटेंट (m)	petent
patenteren (ww)	पेटेंट करना	petent karana
plannen (ww)	योजना बनाना	yojana banāna

premie (de)	बोनस (m)	bonas
professioneel (bn)	पेशेवर	peshevar
procedure (de)	प्रक्रिया (f)	prakriya

onderzoeken (contract, enz.)	विचार करना	vichār karana
berekening (de)	हिसाब (m)	hisāb
reputatie (de)	प्रतिष्ठा (f)	pratishtha
risico (het)	जोखिम (m)	jokhim

beheren (managen)	प्रबंध करना	prabandh karana
informatie (de)	सूचना (f)	sūchana
eigendom (bezit)	जायदाद (f)	jāyadād

unie (de)	संघ (m)	sangh
levensverzekering (de)	जीवन-बीमा (m)	jīvan-bīma
verzekeren (ww)	बीमा करना	bīma karana
verzekering (de)	बीमा (m)	bīma
veiling (de)	नीलामी (m pl)	nīlāmī
verwittigen (ww)	जानकारी देना	jānakārī dena
beheer (het)	प्रबंधन (m)	prabandhan
dienst (de)	सेवा (f)	seva
forum (het)	मंच (m)	manch
functioneren (ww)	कार्य करना	kāry karana
stap, etappe (de)	चरण (m)	charan
juridisch (bn)	कानूनी	kānūnī
jurist (de)	वकील (m)	vakīl

72. Productie. Werken

industriële installatie (fabriek)	कारख़ाना (m)	kārakhāna
fabriek (de)	कारख़ाना (m)	kārakhāna
werkplaatsruimte (de)	वर्कशाप (m)	varkashāp
productielocatie (de)	उत्पादन स्थल (m)	utpādan sthal
industrie (de)	उद्योग (m)	udyog
industrieel (bn)	औद्योगिक	audyogik
zware industrie (de)	भारी उद्योग (m)	bhārī udyog
lichte industrie (de)	हल्का उद्योग (m)	halka udyog
productie (de)	उत्पाद (m)	utpād
produceren (ww)	उत्पादन करना	utpādan karana
grondstof (de)	कच्चा माल (m)	kachcha māl
voorman, ploegbaas (de)	फ़ोरमैन (m)	foramain
ploeg (de)	मज़दूर दल (m)	mazadūr dal
arbeider (de)	मज़दूर (m)	mazadūr
werkdag (de)	कार्यदिवस (m)	kāryadivas
pauze (de)	अंतराल (m)	antarāl
samenkomst (de)	बैठक (f)	baithak
bespreken (spreken over)	चर्चा करना	charcha karana
plan (het)	योजना (f)	yojana
het plan uitvoeren	योजना बनाना	yojana banāna
productienorm (de)	उत्पादन दर (f)	utpādan dar
kwaliteit (de)	गुणवत्ता (m)	gunavatta
controle (de)	जाँच (f)	jānch
kwaliteitscontrole (de)	गुणवत्ता जाँच (f)	gunavatta jānch
arbeidsveiligheid (de)	कार्यस्थल सुरक्षा (f)	kāryasthal suraksha
discipline (de)	अनुशासन (m)	anushāsan
overtreding (de)	उल्लंघन (m)	ullanghan
overtreden (ww)	उल्लंघन करना	ullanghan karana
staking (de)	हड़ताल (f)	haratāl
staker (de)	हड़तालकारी (m)	haratālakārī

staken (ww)	हड़ताल करना	haratāl karana
vakbond (de)	ट्रेड-यूनियन (m)	tred-yūniyan
uitvinden (machine, enz.)	आविष्कार करना	āvishkār karana
uitvinding (de)	आविष्कार (m)	āvishkār
onderzoek (het)	अनुसंधान (f)	anusandhān
verbeteren (beter maken)	सुधारना	sudhārana
technologie (de)	प्रौद्योगिकी (f)	praudyogikī
technische tekening (de)	तकनीकी चित्रकारी (f)	takanīkī chitrakārī
vracht (de)	भार (m)	bhār
lader (de)	कुली (m)	kulī
laden (vrachtwagen)	लादना	lādana
laden (het)	लादना (m)	lādana
lossen (ww)	सामान उतारना	sāmān utārana
lossen (het)	उतारना	utārana
transport (het)	परिवहन (m)	parivahan
transportbedrijf (de)	परिवहन कम्पनी (f)	parivahan kampanī
transporteren (ww)	अपवाहन करना	apavāhan karana
goederenwagon (de)	माल गाड़ी (f)	māl gārī
tank (bijv. ketelwagen)	टैंकर (m)	tainkar
vrachtwagen (de)	ट्रक (m)	trak
machine (de)	मशीनी उपकरण (m)	mashīnī upakaran
mechanisme (het)	यंत्र (m)	yantr
industrieel afval (het)	औद्योगिक अवशेष (m)	audyogik avashesh
verpakking (de)	पैकिंग (f)	paiking
verpakken (ww)	पैक करना	paik karana

73. Contract. Overeenstemming

contract (het)	ठेका (m)	theka
overeenkomst (de)	समझौता (f)	samajhauta
bijlage (de)	परिशिष्ट (f)	parishisht
een contract sluiten	अनुबंध पर हस्ताक्षर करना	anubandh par hastākshar karana
handtekening (de)	हस्ताक्षर (m)	hastākshar
ondertekenen (ww)	हस्ताक्षर करना	hastākshar karana
stempel (de)	सील (m)	sīl
voorwerp (het) van de overeenkomst	अनुबंध की विषय-वस्तु (f)	anubandh kī vishay-vastu
clausule (de)	धारा (f)	dhāra
partijen (mv.)	पार्टी (f)	pārtī
vestigingsadres (het)	कानूनी पता (m)	kānūnī pata
het contract verbreken (overtreden)	अनुबंध का उल्लंघन करना	anubandh ka ullanghan karana
verplichting (de)	प्रतिबद्धता (f)	pratibaddhta
verantwoordelijkheid (de)	ज़िम्मेदारी (f)	zimmedārī

overmacht (de)	अप्रत्याशित घटना (f)	apratyāshit ghatana
geschil (het)	विवाद (m)	vivād
sancties (mv.)	जुर्माना (m)	jurmāna

74. Import & Export

import (de)	आयात (m)	āyāt
importeur (de)	आयातकर्ता (m)	āyātakarta
importeren (ww)	आयात करना	āyāt karana
import- (abn)	आयातित	āyātit
exporteur (de)	निर्यातकर्ता (m)	niryātakarta
exporteren (ww)	निर्यात करना	niryāt karana
goederen (mv.)	माल (m)	māl
partij (de)	प्रेषित माल (m)	preshit māl
gewicht (het)	वज़न (m)	vazan
volume (het)	आयतन (m)	āyatan
kubieke meter (de)	घन मीटर (m)	ghan mītar
producent (de)	उत्पादक (m)	utpādak
transportbedrijf (de)	वाहन कम्पनी (f)	vāhan kampanī
container (de)	डिब्बा (m)	dibba
grens (de)	सीमा (f)	sīma
douane (de)	सीमाशुल्क कार्यालय (f)	sīmāshulk kāryālay
douanerecht (het)	सीमाशुल्क (m)	sīmāshulk
douanier (de)	सीमाशुल्क अधिकारी (m)	sīmāshulk adhikārī
smokkelen (het)	तस्करी (f)	taskarī
smokkelwaar (de)	तस्करी का माल (m)	taskarī ka māl

75. Financiën

aandeel (het)	शेयर (f)	sheyar
obligatie (de)	बॉंड (m)	bānd
wissel (de)	विनिमय पत्र (m)	vinimay patr
beurs (de)	स्टॉक मार्केट (m)	stok mārket
aandelenkoers (de)	शेयर का मूल्य (m)	sheyar ka mūly
dalen (ww)	मूल्य कम होना	mūly kam hona
stijgen (ww)	मूल्य बढ़ जाना	mūly barh jāna
meerderheidsbelang (het)	नियंत्रण हित (f)	niyantran hit
investeringen (mv.)	निवेश (f)	nivesh
investeren (ww)	निवेश करना	nivesh karana
procent (het)	प्रतिशत (f)	pratishat
rente (de)	ब्याज (m pl)	byāj
winst (de)	नफ़ा (m)	nafa
winstgevend (bn)	लाभदायक	lābhadāyak

belasting (de)	कर (f)	kar
valuta (vreemde ~)	मुद्रा (m)	mudra
nationaal (bn)	राष्ट्रीय	rāshtrīy
ruil (de)	विनिमय (m)	vinimay
boekhouder (de)	लेखापाल (m)	lekhāpāl
boekhouding (de)	लेखा विभाग (m)	lekha vibhāg
bankroet (het)	दिवाला (m)	divāla
ondergang (de)	वित्तीय पतन (m)	vittīy pattan
faillissement (het)	बरबादी (m)	barabādī
geruïneerd zijn (ww)	आर्थिक रूप से बरबादी	ārthik rūp se barabādī
inflatie (de)	मुद्रास्फीति (f)	mudrāsfīti
devaluatie (de)	अवमूल्यन (m)	avamūlyan
kapitaal (het)	पूँजी (f)	pūnjī
inkomen (het)	आय (f)	āy
omzet (de)	कुल बिक्री (f)	kul bikrī
middelen (mv.)	वित्तीय संसाधन (m)	vittīy sansādhan
financiële middelen (mv.)	मुद्रागत संसाधन (m)	mudrāgat sansādhan
reduceren (kosten ~)	कम करना	kam karana

76. Marketing

marketing (de)	विपणन (m)	vipanan
markt (de)	मंडी (f)	mandī
marktsegment (het)	बाज़ार क्षेत्र (m)	bāzār kshetr
product (het)	उत्पाद (m)	utpād
goederen (mv.)	माल (m)	māl
handelsmerk (het)	ट्रेड मार्क (m)	tred mārk
beeldmerk (het)	लोगोटाइप (m)	logotaip
logo (het)	लोगो (m)	logo
vraag (de)	मांग (f)	māng
aanbod (het)	आपूर्ति (f)	āpūrti
behoefte (de)	ज़रूरत (f)	zarūrat
consument (de)	उपभोक्ता (m)	upabhokta
analyse (de)	विश्लेषण (m)	vishleshan
analyseren (ww)	विश्लेषण करना	vishleshan karana
positionering (de)	स्थिति-निर्धारण (f)	sthiti-nirdhāran
positioneren (ww)	स्थिति-निर्धारण करना	sthiti-nirdhāran karana
prijs (de)	दाम (m)	dām
prijspolitiek (de)	मूल्य निर्धारण नीति (f)	mūly nirdhāran nīti
prijsvorming (de)	मूल्य स्थापना (f)	mūly sthāpana

77. Reclame

reclame (de)	विज्ञापन (m)	vigyāpan
adverteren (ww)	विज्ञापन देना	vigyāpan dena

budget (het)	बजट (m)	bajat
advertentie, reclame (de)	विज्ञापन (m)	vigyāpan
TV-reclame (de)	टीवी विज्ञापन (m)	tīvī vigyāpan
radioreclame (de)	रेडियो विज्ञापन (m)	rediyo vigyāpan
buitenreclame (de)	बिलबोर्ड विज्ञापन (m)	bilabord vigyāpan
massamedia (de)	जनसंपर्क माध्यम (m)	janasampark mādhyam
periodiek (de)	पत्रिका (f)	patrika
imago (het)	सार्वजनिक छवि (f)	sārvajanik chhavi
slagzin (de)	नारा (m)	nāra
motto (het)	नारा (m)	nāra
campagne (de)	अभियान (m)	abhiyān
reclamecampagne (de)	विज्ञापन प्रचार (m)	vigyāpan prachār
doelpubliek (het)	श्रोतागण (f)	shrotāgan
visitekaartje (het)	बिज़नेस कार्ड (m)	bizanes kārd
flyer (de)	पर्चा (f)	parcha
brochure (de)	ब्रोशर (m)	broshar
folder (de)	पर्चा (f)	parcha
nieuwsbrief (de)	सूचनापत्र (m)	sūchanāpatr
gevelreclame (de)	नेमप्लेट (m)	nemaplet
poster (de)	पोस्टर (m)	postar
aanplakbord (het)	इश्तहार (m)	ishtahār

78. Bankieren

bank (de)	बैंक (m)	baink
bankfiliaal (het)	शाखा (f)	shākha
bankbediende (de)	क्लर्क (m)	klark
manager (de)	मैनेजर (m)	mainejar
bankrekening (de)	बैंक खाता (m)	baink khāta
rekeningnummer (het)	खाते का नम्बर (m)	khāte ka nambar
lopende rekening (de)	चालू खाता (m)	chālū khāta
spaarrekening (de)	बचत खाता (m)	bachat khāta
een rekening openen	खाता खोलना	khāta kholana
de rekening sluiten	खाता बंद करना	khāta band karana
op rekening storten	खाते में जमा करना	khāte men jama karana
opnemen (ww)	खाते से पैसा निकालना	khāte se paisa nikālana
storting (de)	जमा (m)	jama
een storting maken	जमा करना	jama karana
overschrijving (de)	तार स्थानांतरण (m)	tār sthānāntaran
een overschrijving maken	पैसे स्थानांतरित करना	paise sthānāntarit karana
som (de)	रक़म (m)	raqam
Hoeveel?	कितना?	kitana?
handtekening (de)	हस्ताक्षर (f)	hastākshar
ondertekenen (ww)	हस्ताक्षर करना	hastākshar karana

kredietkaart (de)	क्रेडिट कार्ड (m)	kredit kārd
code (de)	पिन कोड (m)	pin kod
kredietkaartnummer (het)	क्रेडिट कार्ड संख्या (f)	kredit kārd sankhya
geldautomaat (de)	एटीएम (m)	etīem
cheque (de)	चेक (m)	chek
een cheque uitschrijven	चेक लिखना	chek likhana
chequeboekje (het)	चेकबुक (f)	chekabuk
lening, krediet (de)	उधार (m)	uthār
een lening aanvragen	उधार के लिए आवेदन करना	udhār ke lie āvedan karana
een lening nemen	उधार लेना	uthār lena
een lening verlenen	उधार देना	uthār dena
garantie (de)	गारन्टी (f)	gārantī

79. Telefoon. Telefoongesprek

telefoon (de)	फ़ोन (m)	fon
mobieltje (het)	मोबाइल फ़ोन (m)	mobail fon
antwoordapparaat (het)	जवाबी मशीन (f)	javābī mashīn
bellen (ww)	फ़ोन करना	fon karana
belletje (telefoontje)	कॉल (m)	kol
een nummer draaien	नम्बर लगाना	nambar lagāna
Hallo!	हेलो!	helo!
vragen (ww)	पूछना	pūchhana
antwoorden (ww)	जवाब देना	javāb dena
horen (ww)	सुनना	sunana
goed (bw)	ठीक	thīk
slecht (bw)	ठीक नहीं	thīk nahin
storingen (mv.)	आवाज़ें (f)	āvāzen
hoorn (de)	रिसीवर (m)	risīvar
opnemen (ww)	फ़ोन उठाना	fon uthāna
ophangen (ww)	फ़ोन रखना	fon rakhana
bezet (bn)	बिज़ी	bizī
overgaan (ww)	फ़ोन बजना	fon bajana
telefoonboek (het)	टेलीफ़ोन बुक (m)	telīfon buk
lokaal (bn)	लोकल	lokal
interlokaal (bn)	लंबी दूरी की कॉल	lambī dūrī kī kol
buitenlands (bn)	अंतर्राष्ट्रीय	antarrāshtrīy

80. Mobiele telefoon

mobieltje (het)	मोबाइल फ़ोन (m)	mobail fon
scherm (het)	डिस्प्ले (m)	disple
toets, knop (de)	बटन (m)	batan
simkaart (de)	सिम कार्ड (m)	sim kārd
batterij (de)	बैटरी (f)	baitarī

leeg zijn (ww)	बैटरी डेड हो जाना	baitarī ded ho jāna
acculader (de)	चार्जर (m)	chārjar
menu (het)	मीनू (m)	mīnū
instellingen (mv.)	सेटिंग्स (f)	setings
melodie (beltoon)	कॉलर ट्यून (m)	kolar tyūn
selecteren (ww)	चुनना	chunana
rekenmachine (de)	कैल्कुलैटर (m)	kailkulaitar
voicemail (de)	वॉयस मेल (f)	voyas mel
wekker (de)	अलार्म घड़ी (f)	alārm gharī
contacten (mv.)	संपर्क (m)	sampark
SMS-bericht (het)	एसएमएस (m)	esemes
abonnee (de)	सदस्य (m)	sadasy

81. Schrijfbehoeften

balpen (de)	बॉल पेन (m)	bol pen
vulpen (de)	फाउन्टेन पेन (m)	faunten pen
potlood (het)	पेंसिल (f)	pensil
marker (de)	हाइलाइटर (m)	hailaitar
viltstift (de)	फ़ेल्ट टिप पेन (m)	felt tip pen
notitieboekje (het)	नोटबुक (m)	notabuk
agenda (boekje)	डायरी (f)	dāyarī
liniaal (de/het)	स्केल (m)	skel
rekenmachine (de)	कैल्कुलेटर (m)	kailkuletar
gom (de)	रबड़ (f)	rabar
punaise (de)	थंबटैक (m)	thanrbataik
paperclip (de)	पेपर क्लिप (m)	pepar klip
lijm (de)	गोंद (f)	gond
nietmachine (de)	स्टेप्लर (m)	steplar
perforator (de)	होल पंचर (m)	hol panchar
potloodslijper (de)	शार्पनर (m)	shārpanar

82. Soorten bedrijven

boekhouddiensten (mv.)	लेखा सेवा (f)	lekha seva
reclame (de)	विज्ञापन (m)	vigyāpan
reclamebureau (het)	विज्ञापन एजन्सी (f)	vigyāpan ejansī
airconditioning (de)	वातानुकूलक सेवा (f)	vātānukūlak seva
luchtvaartmaatschappij (de)	हवाई कम्पनी (f)	havaī kampanī
alcoholische dranken (mv.)	मद्य पदार्थ (m)	mady padārth
antiek (het)	पुरानी चीज़ें (f)	purānī chīzen
kunstgalerie (de)	चित्रशाला (f)	chitrashāla
audit diensten (mv.)	लेखापरीक्षा सेवा (f)	lekhāparīksha seva
banken (mv.)	बैंक (m)	baink

bar (de)	बार (m)	bār
schoonheidssalon (de/het)	ब्यूटी पार्लर (m)	byūtī pārlar
boekhandel (de)	किताबों की दुकान (f)	kitābon kī dukān
bierbrouwerij (de)	शराब की भट्ठी (f)	sharāb kī bhaththī
zakencentrum (het)	व्यापार केन्द्र (m)	vyāpār kendr
business school (de)	व्यापार विद्यालय (m)	vyāpār vidyālay
casino (het)	केसिनो (m)	kesino
bouwbedrijven (mv.)	निर्माण (m)	nirmān
adviesbureau (het)	परामर्श सेवा (f)	parāmarsh seva
tandheelkunde (de)	दंतचिकित्सा क्लिनिक (f)	dantachikitsa klinik
design (het)	डिज़ाइन (m)	dizain
apotheek (de)	दवाख़ाना (m)	davākhāna
stomerij (de)	ड्राइक्लीनिंग (f)	draiklīning
uitzendbureau (het)	रोज़गार एजेंसी (f)	rozagār ejensī
financiële diensten (mv.)	वित्त सेवा (f)	vitt seva
voedingswaren (mv.)	खाद्य पदार्थ (m)	khādy padārth
uitvaartcentrum (het)	शमशान घाट (m)	shamashān ghāt
meubilair (het)	फ़र्निचर (m)	farnichar
kleding (de)	पोशाक (m)	poshāk
hotel (het)	होटल (m)	hotal
IJsje (het)	आईसक्रीम (f)	āīsakrīm
industrie (de)	उद्योग (m)	udyog
verzekering (de)	बीमा (m)	bīma
Internet (het)	इन्टरनेट (m)	intaranet
investeringen (mv.)	निवेश (f)	nivesh
juwelier (de)	सुनार (m)	sunār
juwelen (mv.)	आभूषण (m)	ābhūshan
wasserette (de)	धोबीघर (m)	dhobīghar
juridische diensten (mv.)	कानूनी सलाह (f)	kānūnī salāh
lichte industrie (de)	हल्की उद्योग (m)	halka udyog
tijdschrift (het)	पत्रिका (f)	patrika
postorderbedrijven (mv.)	मेल-ऑर्डर विक्रय (m)	mel-ordar vikray
medicijnen (mv.)	औषधि (f)	aushadhi
bioscoop (de)	सिनेमाघर (m)	sinemāghar
museum (het)	संग्रहालय (m)	sangrahālay
persbureau (het)	सूचना केन्द्र (m)	sūchana kendr
krant (de)	अख़बार (m)	akhabār
nachtclub (de)	नाइट क्लब (m)	nait klab
olie (aardolie)	पेट्रोलियम (m)	petroliyam
koerierdienst (de)	कुरियर सेवा (f)	kuriyar seva
geneesmiddelen (mv.)	औषधि (f)	aushadhi
drukkerij (de)	छपाई (m)	chhapaī
uitgeverij (de)	प्रकाशन गृह (m)	prakāshan grh
radio (de)	रेडियो (m)	rediyo
vastgoed (het)	अचल संपत्ति (f)	achal sampatti
restaurant (het)	रेस्टरॉं (m)	restarān
bewakingsfirma (de)	सुरक्षा एजेंसी (f)	suraksha ejensī

sport (de)	क्रीड़ा (f)	krīra
handelsbeurs (de)	स्टॉक मार्केट (m)	stok mārket
winkel (de)	दुकान (f)	dukān
supermarkt (de)	सुपर बाज़ार (m)	supar bāzār
zwembad (het)	तरण-ताल (m)	taran-tāl
naaiatelier (het)	दर्ज़ी (m)	darzī
televisie (de)	टीवी (m)	tīvī
theater (het)	रंगमंच (m)	rangamanch
handel (de)	व्यापार (m)	vyāpār
transport (het)	परिवहन (m)	parivahan
toerisme (het)	पर्यटन (m)	paryatan
dierenarts (de)	पशुचिकित्सक (m)	pashuchikitsak
magazijn (het)	भंडार (m)	bhandār
afvalinzameling (de)	कूड़ा उठाने की सेवा (f)	kūra uthāne kī seva

Baan. Business. Deel 2

83. Show. Tentoonstelling

beurs (de)	प्रदर्शनी (f)	pradarshanī
vakbeurs, handelsbeurs (de)	व्यापारिक प्रदर्शनी (f)	vyāpārik pradarshanī
deelneming (de)	शिरकत (f)	shirakat
deelnemen (ww)	भाग लेना	bhāg lena
deelnemer (de)	प्रतिभागी (m)	pratibhāgī
directeur (de)	निदेशक (m)	nideshak
organisatiecomité (het)	आयोजकों का कार्यालय (m)	āyojakon ka kāryālay
organisator (de)	आयोजक (m)	āyojak
organiseren (ww)	आयोजित करना	āyojit karana
deelnemingsaanvraag (de)	प्रतिभागी प्रपत्र (m)	pratibhāgī prapatr
invullen (een formulier ~)	भरना	bharana
details (mv.)	विवरण (m)	vivaran
informatie (de)	जानकारी (f)	jānakārī
prijs (de)	दाम (m)	dām
inclusief (bijv. ~ BTW)	सहित	sahit
inbegrepen (alles ~)	शामिल करना	shāmil karana
betalen (ww)	दाम चुकाना	dām chukāna
registratietarief (het)	पंजीकरण शुल्क (f)	panjīkaran shulk
ingang (de)	प्रवेश (m)	pravesh
paviljoen (het), hal (de)	हॉल (m)	hol
registreren (ww)	पंजीकरण करवाना	panjīkaran karavāna
badge, kaart (de)	बैज (f)	baij
beursstand (de)	स्टेंड (m)	stend
reserveren (een stand ~)	बुक करना	buk karana
vitrine (de)	प्रदर्शन खिड़की (f)	pradarshan khirakī
licht (het)	स्पॉटलाइट (f)	spotalait
design (het)	डिज़ाइन (m)	dizain
plaatsen (ww)	रखना	rakhana
distributeur (de)	वितरक (m)	vitarak
leverancier (de)	आपूर्तिकर्ता (m)	āpūrtikarta
land (het)	देश (m)	desh
buitenlands (bn)	विदेश	videsh
product (het)	उत्पाद (m)	utpād
associatie (de)	संस्था (f)	sanstha
conferentiezaal (de)	सम्मेलन भवन (m)	sammelan bhavan
congres (het)	सम्मेलन (m)	sammelan

wedstrijd (de)	प्रतियोगिता (f)	pratiyogita
bezoeker (de)	सहभागी (m)	sahabhāgī
bezoeken (ww)	भाग लेना	bhāg lena
afnemer (de)	ग्राहक (m)	grāhak

84. Wetenschap. Onderzoek. Wetenschappers

wetenschap (de)	विज्ञान (m)	vigyān
wetenschappelijk (bn)	वैज्ञानिक	vaigyānik
wetenschapper (de)	वैज्ञानिक (m)	vaigyānik
theorie (de)	सिद्धांत (f)	siddhānt
axioma (het)	सिद्ध प्रमाण (m)	siddh pramān
analyse (de)	विश्लेषण (m)	vishleshan
analyseren (ww)	विश्लेषण करना	vishleshan karana
argument (het)	तथ्य (m)	tathy
substantie (de)	पदार्थ (m)	padārth
hypothese (de)	परिकल्पना (f)	parikalpana
dilemma (het)	दुविधा (m)	duvidha
dissertatie (de)	शोधनिबंध (m)	shodhanibandh
dogma (het)	हठधर्मिता (f)	hathadharmita
doctrine (de)	सिद्धांत (m)	siddhānt
onderzoek (het)	शोध (m)	shodh
onderzoeken (ww)	शोध करना	shodh karana
toetsing (de)	जांच (f)	jānch
laboratorium (het)	प्रयोगशाला (f)	prayogashāla
methode (de)	वीधि (f)	vīdhi
molecule (de/het)	अणु (m)	anu
monitoring (de)	निगरानी (f)	nigarānī
ontdekking (de)	आविष्कार (m)	āvishkār
postulaat (het)	स्वसिद्ध (m)	svasiddh
principe (het)	सिद्धांत (m)	siddhānt
voorspelling (de)	पूर्वानुमान (m)	pūrvānumān
een prognose maken	पूर्वानुमान करना	pūrvānumān karana
synthese (de)	संश्लेषण (m)	sanshleshan
tendentie (de)	प्रवृत्ति (f)	pravrtti
theorema (het)	प्रमेय (m)	pramey
leerstellingen (mv.)	शिक्षा (f)	shiksha
feit (het)	तथ्य (m)	tathy
expeditie (de)	अभियान (m)	abhiyān
experiment (het)	प्रयोग (m)	prayog
academicus (de)	अकदमीशियन (m)	akadamīshiyan
bachelor (bijv. BA, LLB)	स्नातक (m)	snātak
doctor (de)	डॉक्टर (m)	doktar
universitair docent (de)	सह - प्राध्यापक (m)	sah - prādhyāpak
master, magister (de)	स्नातकोत्तर (m)	snātakottar
professor (de)	प्रोफ़ेसर (m)	profesar

Beroepen en ambachten

85. Zoeken naar werk. Ontslag

baan (de)	नौकरी (f)	naukarī
personeel (het)	कर्मचारी (m)	karmachārī
carrière (de)	व्यवसाय (m)	vyavasây
vooruitzichten (mv.)	संभावना (f)	sambhāvana
meesterschap (het)	हुनर (m)	hunar
keuze (de)	चुनाव (m)	chunāv
uitzendbureau (het)	रोज़गार केन्द्र (m)	rozagār kendr
CV, curriculum vitae (het)	रेज़्यूम (m)	rijyūm
sollicitatiegesprek (het)	नौकरी के लिए साक्षात्कार (m)	naukarī ke lie sākshātkār
vacature (de)	रिक्ति (f)	rikti
salaris (het)	वेतन (m)	vetan
vaste salaris (het)	वेतन (m)	vetan
loon (het)	भुगतान (m)	bhugatān
betrekking (de)	पद (m)	pad
taak, plicht (de)	कर्तव्य (m)	kartavy
takenpakket (het)	कार्य-क्षेत्र (m)	kāry-kshetr
bezig (~ zijn)	व्यस्त	vyast
ontslagen (ww)	बरख़ास्त करना	barakhāst karana
ontslag (het)	बरख़ास्तगी (f)	barakhāstagī
werkloosheid (de)	बेरोज़गारी (f)	berozagārī
werkloze (de)	बेरोज़गार (m)	berozagār
pensioen (het)	सेवा-निवृत्ति (f)	seva-nivrtti
met pensioen gaan	सेवा-निवृत्त होना	seva-nivrtt hona

86. Zakenmensen

directeur (de)	निदेशक (m)	nideshak
beheerder (de)	प्रबंधक (m)	prabandhak
hoofd (het)	मालिक (m)	mālik
baas (de)	वरिष्ठ अधिकारी (m)	varishth adhikārī
superieuren (mv.)	वरिष्ठ अधिकारी (m)	varishth adhikārī
president (de)	अध्यक्ष (m)	adhyaksh
voorzitter (de)	सभाध्यक्ष (m)	sabhādhyaksh
adjunct (de)	उपाध्यक्ष (m)	upādhyaksh
assistent (de)	सहायक (m)	sahāyak
secretaris (de)	सेक्रटरी (f)	sekratarī

persoonlijke assistent (de)	निजी सहायक (m)	nijī sahāyak
zakenman (de)	व्यापारी (m)	vyāpārī
ondernemer (de)	उद्यमी (m)	udyamī
oprichter (de)	संस्थापक (m)	sansthāpak
oprichten (een nieuw bedrijf ~)	स्थापित करना	sthāpit karana
stichter (de)	स्थापक (m)	sthāpak
partner (de)	पार्टनर (m)	pārtanar
aandeelhouder (de)	शेयर होलडर (m)	sheyar holadar
miljonair (de)	लखपति (m)	lakhapati
miljardair (de)	करोड़पति (m)	karorapati
eigenaar (de)	मालिक (m)	mālik
landeigenaar (de)	ज़मीनदार (m)	zamīnadār
klant (de)	ग्राहक (m)	grāhak
vaste klant (de)	ख़रीदार (m)	kharīdār
koper (de)	ग्राहक (m)	grāhak
bezoeker (de)	आगंतुक (m)	āgantuk
professioneel (de)	पेशेवर (m)	peshevar
expert (de)	विशेषज्ञ (m)	visheshagy
specialist (de)	विशेषज्ञ (m)	visheshagy
bankier (de)	बैंकर (m)	bainkar
makelaar (de)	ब्रोकर (m)	brokar
kassier (de)	कैशियर (m)	kaishiyar
boekhouder (de)	लेखापाल (m)	lekhāpāl
bewaker (de)	पहरेदार (m)	paharedār
investeerder (de)	निवेशक (m)	niveshak
schuldenaar (de)	क़र्ज़दार (m)	qarzadār
crediteur (de)	लेनदार (m)	lenadār
lener (de)	क़र्ज़दार (m)	karzadār
importeur (de)	आयातकर्ता (m)	āyātakartta
exporteur (de)	निर्यातकर्ता (m)	niryātakartta
producent (de)	उत्पादक (m)	utpādak
distributeur (de)	वितरक (m)	vitarak
bemiddelaar (de)	बिचौलिया (m)	bichauliya
adviseur, consulent (de)	सलाहकार (m)	salāhakār
vertegenwoordiger (de)	बिक्री प्रतिनिधि (m)	bikrī pratinidhi
agent (de)	एजेंट (m)	ejent
verzekeringsagent (de)	बीमा एजन्ट (m)	bīma ejant

87. Dienstverlenende beroepen

kok (de)	बावरची (m)	bāvarachī
chef-kok (de)	मुख्य बावरची (m)	mukhy bāvarachī
bakker (de)	बेकर (m)	bekar

barman (de)	बारेटेन्डर (m)	bāretendar
kelner, ober (de)	बैरा (m)	baira
serveerster (de)	बैरा (f)	baira
advocaat (de)	वकील (m)	vakīl
jurist (de)	वकील (m)	vakīl
notaris (de)	नोटरी (m)	notarī
elektricien (de)	बिजलीवाला (m)	bijalīvāla
loodgieter (de)	प्लम्बर (m)	plambar
timmerman (de)	बढ़ई (m)	barhī
masseur (de)	मालिशिया (m)	mālishiya
masseuse (de)	मालिशिया (m)	mālishiya
dokter, arts (de)	चिकित्सक (m)	chikitsak
taxichauffeur (de)	टैक्सीवाला (m)	taiksīvāla
chauffeur (de)	ड्राइवर (m)	draivar
koerier (de)	कूरियर (m)	kūriyar
kamermeisje (het)	चैम्बरमेड (f)	chaimbaramed
bewaker (de)	पहरेदार (m)	paharedār
stewardess (de)	एयर होस्टेस (f)	eyar hostes
meester (de)	शिक्षक (m)	shikshak
bibliothecaris (de)	पुस्तकाध्यक्ष (m)	pustakādhyaksh
vertaler (de)	अनुवादक (m)	anuvādak
tolk (de)	दुभाषिया (m)	dubhāshiya
gids (de)	गाइड (m)	gaid
kapper (de)	नाई (m)	naī
postbode (de)	डाकिया (m)	dākiya
verkoper (de)	विक्रेता (m)	vikreta
tuinman (de)	माली (m)	mālī
huisbediende (de)	नौकर (m)	naukar
dienstmeisje (het)	नौकरानी (f)	naukarānī
schoonmaakster (de)	सफ़ाईवाली (f)	safaīvālī

88. Militaire beroepen en rangen

soldaat (rang)	सैनिक (m)	sainik
sergeant (de)	साजेंट (m)	sārjent
luitenant (de)	लेफ्टिनेंट (m)	leftinent
kapitein (de)	कैप्टन (m)	kaiptan
majoor (de)	मेजर (m)	mejar
kolonel (de)	कर्नल (m)	karnal
generaal (de)	जनरल (m)	janaral
maarschalk (de)	माशल (m)	mārshal
admiraal (de)	एडमिरल (m)	edamiral
militair (de)	सैनिक (m)	sainik
soldaat (de)	सिपाही (m)	sipāhī

officier (de)	अफ़्सर (m)	afsar
commandant (de)	कमांडर (m)	kamāndar
grenswachter (de)	सीमा रक्षक (m)	sīma rakshak
marconist (de)	रेडियो ऑपरेटर (m)	rediyo oparetar
verkenner (de)	गुप्तचर (m)	guptachar
sappeur (de)	युद्ध इंजीनियर (m)	yuddh injīniyar
schutter (de)	तीरंदाज़ (m)	tīrandāz
stuurman (de)	नैवीगेटर (m)	naivīgetar

89. Ambtenaren. Priesters

koning (de)	बादशाह (m)	bādashāh
koningin (de)	महारानी (f)	mahārānī
prins (de)	राजकुमार (m)	rājakumār
prinses (de)	राजकुमारी (f)	rājakumārī
tsaar (de)	राजा (m)	rāja
tsarina (de)	रानी (f)	rānī
president (de)	राष्ट्रपति (m)	rāshtrapati
minister (de)	मंत्री (m)	mantrī
eerste minister (de)	प्रधान मंत्री (m)	pradhān mantrī
senator (de)	सांसद (m)	sānsad
diplomaat (de)	राजनयिक (m)	rājanayik
consul (de)	राजनयिक (m)	rājanayik
ambassadeur (de)	राजदूत (m)	rājadūt
adviseur (de)	राजनयिक परामर्शदाता (m)	rājanayik parāmarshadāta
ambtenaar (de)	अधिकारी (m)	adhikārī
prefect (de)	अधिकारी (m)	adhikārī
burgemeester (de)	मेयर (m)	meyar
rechter (de)	न्यायाधीश (m)	nyāyādhīsh
aanklager (de)	अभियोक्ता (m)	abhiyokta
missionaris (de)	पादरी (m)	pādarī
monnik (de)	मठवासी (m)	mathavāsī
abt (de)	मठाधीश (m)	mathādhīsh
rabbi, rabbijn (de)	रब्बी (m)	rabbī
vizier (de)	वज़ीर (m)	vazīr
sjah (de)	शाह (m)	shāh
sjeik (de)	शेख़ (m)	shekh

90. Agrarische beroepen

imker (de)	मधुमक्खी-पालक (m)	madhumakkhī-pālak
herder (de)	चरवाहा (m)	charavāha
landbouwkundige (de)	कृषिविज्ञानी (m)	krshivigyānī

veehouder (de)	पशुपालक (m)	pashupālak
dierenarts (de)	पशुचिकित्सक (m)	pashuchikitsak
landbouwer (de)	किसान (m)	kisān
wijnmaker (de)	मदिराकारी (m)	madirākārī
zoöloog (de)	जीव विज्ञानी (m)	jīv vigyānī
cowboy (de)	चरवाहा (m)	charavāha

91. Kunst beroepen

acteur (de)	अभिनेता (m)	abhineta
actrice (de)	अभिनेत्री (f)	abhinetrī
zanger (de)	गायक (m)	gāyak
zangeres (de)	गायिका (f)	gāyika
danser (de)	नर्तक (m)	nartak
danseres (de)	नर्तकी (f)	nartakī
artiest (mann.)	अदाकार (m)	adākār
artiest (vrouw.)	अदाकारा (f)	adākāra
muzikant (de)	साज़िन्दा (m)	sāzinda
pianist (de)	पियानो वादक (m)	piyāno vādak
gitarist (de)	गिटार वादक (m)	gitār vādak
orkestdirigent (de)	बैंड कंडक्टर (m)	baind kandaktar
componist (de)	संगीतकार (m)	sangītakār
impresario (de)	इम्प्रेसारियो (m)	impresāriyo
filmregisseur (de)	निर्देशक (m)	nirdeshak
filmproducent (de)	प्रोड्यूसर (m)	prodyūsar
scenarioschrijver (de)	लेखक (m)	lekhak
criticus (de)	आलोचक (m)	ālochak
schrijver (de)	लेखक (m)	lekhak
dichter (de)	कवि (m)	kavi
beeldhouwer (de)	मूर्तिकार (m)	mūrtikār
kunstenaar (de)	चित्रकार (m)	chitrakār
jongleur (de)	बाज़ीगर (m)	bāzīgar
clown (de)	जोकर (m)	jokar
acrobaat (de)	कलाबाज़ (m)	kalābāz
goochelaar (de)	जादूगर (m)	jādūgar

92. Verschillende beroepen

dokter, arts (de)	चिकित्सक (m)	chikitsak
ziekenzuster (de)	नर्स (m)	nars
psychiater (de)	मनोचिकित्सक (m)	manochikitsak
tandarts (de)	दंतचिकित्सक (m)	dantachikitsak
chirurg (de)	शल्य-चिकित्सक (m)	shaly-chikitsak

Nederlands	Hindi	Transliteratie
astronaut (de)	अंतरिक्षयात्री (m)	antarikshayātrī
astronoom (de)	खगोल-विज्ञानी (m)	khagol-vigyānī
piloot (de)	पाइलट (m)	pailat
chauffeur (de)	ड्राइवर (m)	draivar
machinist (de)	इंजन ड्राइवर (m)	injan draivar
mecanicien (de)	मैकेनिक (m)	maikenik
mijnwerker (de)	खनिक (m)	khanik
arbeider (de)	मज़दूर (m)	mazadūr
bankwerker (de)	ताला बनानेवाला (m)	tāla banānevāla
houtbewerker (de)	बढ़ई (m)	barhī
draaier (de)	खरादी (m)	kharādī
bouwvakker (de)	मज़दूर (m)	mazūdar
lasser (de)	वेल्डर (m)	veldar
professor (de)	प्रोफ़ेसर (m)	profesar
architect (de)	वास्तुकार (m)	vāstukār
historicus (de)	इतिहासकार (m)	itihāsakār
wetenschapper (de)	वैज्ञानिक (m)	vaigyānik
fysicus (de)	भौतिक विज्ञानी (m)	bhautik vigyānī
scheikundige (de)	रसायनविज्ञानी (m)	rasāyanavigyānī
archeoloog (de)	पुरातत्वविद (m)	purātatvavid
geoloog (de)	भूविज्ञानी (m)	bhūvigyānī
onderzoeker (de)	शोधकर्ता (m)	shodhakarta
babysitter (de)	दाई (f)	daī
leraar, pedagoog (de)	शिक्षक (m)	shikshak
redacteur (de)	संपादक (m)	sampādak
chef-redacteur (de)	मुख्य संपादक (m)	mūkhy sampādak
correspondent (de)	पत्रकार (m)	patrakār
typiste (de)	टाइपिस्ट (f)	taipist
designer (de)	डिज़ाइनर (m)	dizainar
computerexpert (de)	कंप्यूटर विशेषज्ञ (m)	kampyūtar visheshagy
programmeur (de)	प्रोग्रामर (m)	progrāmar
ingenieur (de)	इंजीनियर (m)	injīniyar
matroos (de)	मल्लाह (m)	mallāh
zeeman (de)	मल्लाह (m)	mallāh
redder (de)	बचानेवाला (m)	bachānevāla
brandweerman (de)	दमकल कर्मचारी (m)	damakal karmachārī
politieagent (de)	पुलिसवाला (m)	pulisavāla
nachtwaker (de)	पहरेदार (m)	paharedār
detective (de)	जासूस (m)	jāsūs
douanier (de)	सीमाशुल्क अधिकारी (m)	sīmāshulk adhikārī
lijfwacht (de)	अंगरक्षक (m)	angarakshak
gevangenisbewaker (de)	जेल का पहरेदार (m)	jel ka paharedār
inspecteur (de)	अधीक्षक (m)	adhīkshak
sportman (de)	खिलाड़ी (m)	khilārī
trainer (de)	प्रशिक्षक (m)	prashikshak

slager, beenhouwer (de)	कसाई (m)	kasaī
schoenlapper (de)	मोची (m)	mochī
handelaar (de)	व्यापारी (m)	vyāpārī
lader (de)	कुली (m)	kulī
kledingstilist (de)	फैशन डिज़ाइनर (m)	faishan dizainar
model (het)	मॉडल (m)	modal

93. Beroepen. Sociale status

scholier (de)	छात्र (m)	chhātr
student (de)	विद्यार्थी (m)	vidyārthī
filosoof (de)	दर्शनशास्त्री (m)	darshanashāstrī
econoom (de)	अर्थशास्त्री (m)	arthashāstrī
uitvinder (de)	आविष्कारक (m)	āvishkārak
werkloze (de)	बेरोज़गार (m)	berozagār
gepensioneerde (de)	सेवा-निवृत्त (m)	seva-nivrtt
spion (de)	गुप्तचर (m)	guptachar
gedetineerde (de)	क़ैदी (m)	qaidī
staker (de)	हड़तालकारी (m)	haratālakārī
bureaucraat (de)	अफ़सरशाह (m)	afasarashāh
reiziger (de)	यात्री (m)	yātrī
homoseksueel (de)	समलैंगिक (m)	samalaingik
hacker (computerkraker)	हैकर (m)	haikar
bandiet (de)	डाकू (m)	dākū
huurmoordenaar (de)	हत्यारा (m)	hatyāra
drugsverslaafde (de)	नशेबाज़ (m)	nashebāz
drugshandelaar (de)	नशीली दवाओं का विक्रेता (m)	nashīlī davaon ka vikreta
prostituee (de)	वैश्या (f)	vaishya
pooier (de)	दलाल (m)	dalāl
tovenaar (de)	जादूगर (m)	jādūgar
tovenares (de)	डायन (f)	dāyan
piraat (de)	समुद्री लुटेरा (m)	samudrī lūtera
slaaf (de)	दास (m)	dās
samoerai (de)	सामुराई (m)	sāmuraī
wilde (de)	जंगली (m)	jangalī

Onderwijs

94. School

school (de)	पाठशाला (m)	pāthashāla
schooldirecteur (de)	प्रिंसिपल (m)	prinsipal
leerling (de)	छात्र (m)	chhātr
leerlinge (de)	छात्रा (f)	chhātra
scholier (de)	छात्र (m)	chhātr
scholiere (de)	छात्रा (f)	chhātra
leren (lesgeven)	पढ़ाना	parhāna
studeren (bijv. een taal ~)	पढ़ना	parhana
van buiten leren	याद करना	yād karana
leren (bijv. ~ tellen)	सीखना	sīkhana
in school zijn (schooljongen zijn)	स्कूल में पढ़ना	skūl men parhana
naar school gaan	स्कूल जाना	skūl jāna
alfabet (het)	वर्णमाला (f)	varnamāla
vak (schoolvak)	विषय (m)	vishay
klaslokaal (het)	कक्षा (f)	kaksha
les (de)	पाठ (m)	pāth
pauze (de)	अंतराल (m)	antarāl
bel (de)	स्कूल की घंटी (f)	skūl kī ghantī
schooltafel (de)	बेंच (f)	bench
schoolbord (het)	चॉकबोर्ड (m)	chokabord
cijfer (het)	अंक (m)	ank
goed cijfer (het)	अच्छे अंक (m)	achchhe ank
slecht cijfer (het)	कम अंक (m)	kam ank
een cijfer geven	मार्क्स देना	mārks dena
fout (de)	ग़लती (f)	galatī
fouten maken	ग़लती करना	galatī karana
corrigeren (fouten ~)	ठीक करना	thīk karana
spiekbriefje (het)	कुंजी (f)	kunjī
huiswerk (het)	गृहकार्य (m)	grhakāry
oefening (de)	अभ्यास (m)	abhyās
aanwezig zijn (ww)	उपस्थित होना	upasthit hona
absent zijn (ww)	अनुपस्थित होना	anupasthit hona
bestraffen (een stout kind ~)	सज़ा देना	saza dena
bestraffing (de)	सज़ा (f)	saza
gedrag (het)	बरताव (m)	baratāv

cijferlijst (de)	रिपोर्ट कार्ड (f)	riport kārd
potlood (het)	पेंसिल (f)	pensil
gom (de)	रबड़ (f)	rabar
krijt (het)	चॉक (m)	chok
pennendoos (de)	पेंसिल का डिब्बा (m)	pensil ka dibba
boekentas (de)	बस्ता (m)	basta
pen (de)	कलम (m)	kalam
schrift (de)	कॉपी (f)	kopī
leerboek (het)	पाठ्यपुस्तक (f)	pāthyapustak
passer (de)	कंपास (m)	kampās
technisch tekenen (ww)	तकनीकी चित्रकारी बनाना	takanīkī chitrakārī banāna
technische tekening (de)	तकनीकी चित्रकारी (f)	takanīkī chitrakārī
gedicht (het)	कविता (f)	kavita
van buiten (bw)	रटकर	ratakar
van buiten leren	याद करना	yād karana
vakantie (de)	छुट्टियाँ (f pl)	chhuttiyān
met vakantie zijn	छुट्टी पर होना	chhuttī par hona
toets (schriftelijke ~)	परीक्षा (f)	parīksha
opstel (het)	रचना (f)	rachana
dictee (het)	श्रुतलेख (m)	shrutalekh
examen (het)	परीक्षा (f)	parīksha
examen afleggen	परीक्षा देना	parīksha dena
experiment (het)	परीक्षण (m)	parīkshan

95. Hogeschool. Universiteit

academie (de)	अकादमी (f)	akādamī
universiteit (de)	विश्वविद्यालय (m)	vishvavidyālay
faculteit (de)	संकाय (f)	sankāy
student (de)	छात्र (m)	chhātr
studente (de)	छात्रा (f)	chhātra
leraar (de)	अध्यापक (m)	adhyāpak
collegezaal (de)	व्याख्यान कक्ष (m)	vyākhyān kaksh
afgestudeerde (de)	स्नातक (m)	snātak
diploma (het)	डिप्लोमा (m)	diploma
dissertatie (de)	शोधनिबंध (m)	shodhanibandh
onderzoek (het)	अध्ययन (m)	adhyayan
laboratorium (het)	प्रयोगशाला (f)	prayogashāla
college (het)	व्याख्यान (f)	vyākhyān
medestudent (de)	सहपाठी (m)	sahapāthī
studiebeurs (de)	छात्रवृत्ति (f)	chhātravrtti
academische graad (de)	शैक्षणिक डिग्री (f)	shaikshanik digrī

96. Wetenschappen. Disciplines

wiskunde (de)	गणितशास्त्र (m)	ganitashāstr
algebra (de)	बीजगणित (m)	bījaganit
meetkunde (de)	रेखागणित (m)	rekhāganit
astronomie (de)	खगोलवैज्ञान (m)	khagolavaigyān
biologie (de)	जीवविज्ञान (m)	jīvavigyān
geografie (de)	भूगोल (m)	bhūgol
geologie (de)	भूविज्ञान (m)	bhūvigyān
geschiedenis (de)	इतिहास (m)	itihās
geneeskunde (de)	चिकित्सा (m)	chikitsa
pedagogiek (de)	शिक्षाविज्ञान (m)	shikshāvigyān
rechten (mv.)	कानून (m)	kānūn
fysica, natuurkunde (de)	भौतिकविज्ञान (m)	bhautikavigyān
scheikunde (de)	रसायन (m)	rasāyan
filosofie (de)	दर्शनशास्त्र (m)	darshanashāstr
psychologie (de)	मनोविज्ञान (m)	manovigyān

97. Schrift. Spelling

grammatica (de)	व्याकरण (m)	vyākaran
vocabulaire (het)	शब्दावली (f)	shabdāvalī
fonetiek (de)	स्वरविज्ञान (m)	svaravigyān
zelfstandig naamwoord (het)	संज्ञा (f)	sangya
bijvoeglijk naamwoord (het)	विशेषण (m)	visheshan
werkwoord (het)	क्रिया (m)	kriya
bijwoord (het)	क्रिया विशेषण (f)	kriya visheshan
voornaamwoord (het)	सर्वनाम (m)	sarvanām
tussenwerpsel (het)	विस्मयादिबोधक (m)	vismayādibodhak
voorzetsel (het)	पूर्वसर्ग (m)	pūrvasarg
stam (de)	मूल शब्द (m)	mūl shabd
achtervoegsel (het)	अन्त्याक्षर (m)	antyākshar
voorvoegsel (het)	उपसर्ग (m)	upasarg
lettergreep (de)	अक्षर (m)	akshar
achtervoegsel (het)	प्रत्यय (m)	pratyay
nadruk (de)	बल चिह्न (m)	bal chihn
afkappingsteken (het)	वर्णलोप चिह्न (m)	varnalop chihn
punt (de)	पूर्णविराम (m)	pūrnavirām
komma (de/het)	उपविराम (m)	upavirām
puntkomma (de)	अर्धविराम (m)	ardhavirām
dubbelpunt (de)	कोलन (m)	kolan
beletselteken (het)	तीन बिन्दु (m)	tīn bindu
vraagteken (het)	प्रश्न चिह्न (m)	prashn chihn
uitroepteken (het)	विस्मयादिबोधक चिह्न (m)	vismayādibodhak chihn

aanhalingstekens (mv.)	उद्धरण चिह्न (m)	uddharan chihn
tussen aanhalingstekens (bw)	उद्धरण चिह्न में	uddharan chihn men
haakjes (mv.)	कोष्ठक (m pl)	koshthak
tussen haakjes (bw)	कोष्ठक में	koshthak men

streepje (het)	हाइफन (m)	haifan
gedachtestreepje (het)	डैश (m)	daish
spatie (~ tussen twee woorden)	रिक्त स्थान (m)	rikt sthān

letter (de)	अक्षर (m)	akshar
hoofdletter (de)	बड़ा अक्षर (m)	bara akshar

klinker (de)	स्वर (m)	svar
medeklinker (de)	समस्वर (m)	samasvar

zin (de)	वाक्य (m)	vāky
onderwerp (het)	कर्ता (m)	kartta
gezegde (het)	विधेय (m)	vidhey

regel (in een tekst)	पंक्ति (f)	pankti
op een nieuwe regel (bw)	नई पंक्ति पर	naī pankti par
alinea (de)	अनुच्छेद (m)	anuchchhed

woord (het)	शब्द (m)	shabd
woordgroep (de)	शब्दों का समूह (m)	shabdon ka samūh
uitdrukking (de)	अभिव्यक्ति (f)	abhivyakti
synoniem (het)	समनार्थक शब्द (m)	samanārthak shabd
antoniem (het)	विपरीतार्थी शब्द (m)	viparītārthī shabd

regel (de)	नियम (m)	niyam
uitzondering (de)	अपवाद (m)	apavād
correct (bijv. ~e spelling)	ठीक	thīk

vervoeging, conjugatie (de)	क्रियारूप संयोजन (m)	kriyārūp sanyojan
verbuiging, declinatie (de)	विभक्ति-रूप (m)	vibhakti-rūp
naamval (de)	कारक (m)	kārak
vraag (de)	प्रश्न (m)	prashn
onderstrepen (ww)	रेखांकित करना	rekhānkit karana
stippellijn (de)	बिन्दुरेखा (f)	bindurekha

98. Vreemde talen

taal (de)	भाषा (f)	bhāsha
vreemde taal (de)	विदेशी भाषा (f)	videshī bhāsha
leren (bijv. van buiten ~)	पढ़ना	parhana
studeren (Nederlands ~)	सीखना	sīkhana

lezen (ww)	पढ़ना	parhana
spreken (ww)	बोलना	bolana
begrijpen (ww)	समझना	samajhana
schrijven (ww)	लिखना	likhana
snel (bw)	तेज़	tez
langzaam (bw)	धीरे	dhīre

vloeiend (bw)	धड़ल्ले से	dharalle se
regels (mv.)	नियम (m pl)	niyam
grammatica (de)	व्याकरण (m)	vyākaran
vocabulaire (het)	शब्दावली (f)	shabdāvalī
fonetiek (de)	स्वरविज्ञान (m)	svaravigyān
leerboek (het)	पाठ्यपुस्तक (f)	pāthyapustak
woordenboek (het)	शब्दकोश (m)	shabdakosh
leerboek (het) voor zelfstudie	स्वयंशिक्षक पुस्तक (m)	svayanshikshak pustak
taalgids (de)	वार्त्तालाप-पुस्तिका (f)	vārttālāp-pustika
cassette (de)	कैसेट (f)	kaiset
videocassette (de)	वीडियो कैसेट (m)	vīdiyo kaiset
CD (de)	सीडी (m)	sīdī
DVD (de)	डीवीडी (m)	dīvīdī
alfabet (het)	वर्णमाला (f)	varnamāla
spellen (ww)	हिज्जे करना	hijje karana
uitspraak (de)	उच्चारण (m)	uchchāran
accent (het)	लहज़ा (m)	lahaza
met een accent (bw)	लहज़े के साथ	lahaze ke sāth
zonder accent (bw)	बिना लहज़े	bina lahaze
woord (het)	शब्द (m)	shabd
betekenis (de)	मतलब (m)	matalab
cursus (de)	पाठ्यक्रम (m)	pāthyakram
zich inschrijven (ww)	सदस्य बनना	sadasy banana
leraar (de)	शिक्षक (m)	shikshak
vertaling (een ~ maken)	तर्जुमा (m)	tarjuma
vertaling (tekst)	अनुवाद (m)	anuvād
vertaler (de)	अनुवादक (m)	anuvādak
tolk (de)	दुभाषिया (m)	dubhāshiya
polyglot (de)	बहुभाषी (m)	bahubhāshī
geheugen (het)	स्मृति (f)	smrti

Rusten. Entertainment. Reizen

99. Trip. Reizen

toerisme (het)	पर्यटन (m)	paryatan
toerist (de)	पर्यटक (m)	paryatak
reis (de)	यात्रा (f)	yātra
avontuur (het)	जाँबाज़ी (f)	jānbāzī
tocht (de)	यात्रा (f)	yātra
vakantie (de)	छुट्टी (f)	chhuttī
met vakantie zijn	छुट्टी पर होना	chhuttī par hona
rust (de)	आराम (m)	ārām
trein (de)	रेलगाड़ी, ट्रेन (f)	relagārī, tren
met de trein	रैलगाड़ी से	railagārī se
vliegtuig (het)	विमान (m)	vimān
met het vliegtuig	विमान से	vimān se
met de auto	कार से	kār se
per schip (bw)	जहाज़ पर	jahāz par
bagage (de)	सामान (m)	sāmān
valies (de)	सूटकेस (m)	sūtakes
bagagekarretje (het)	सामान के लिये गाड़ी (f)	sāmān ke liye gārī
paspoort (het)	पासपोर्ट (m)	pāsaport
visum (het)	वीज़ा (m)	vīza
kaartje (het)	टिकट (m)	tikat
vliegticket (het)	हवाई टिकट (m)	havaī tikat
reisgids (de)	गाइडबुक (f)	gaidabuk
kaart (de)	नक्शा (m)	naksha
gebied (landelijk ~)	क्षेत्र (m)	kshetr
plaats (de)	स्थान (m)	sthān
exotische bestemming (de)	विचित्र वस्तुएं	vichitr vastuen
exotisch (bn)	विचित्र	vichitr
verwonderlijk (bn)	अजीब	ajīb
groep (de)	समूह (m)	samūh
rondleiding (de)	पर्यटन (f)	paryatan
gids (de)	गाइड (m)	gaid

100. Hotel

motel (het)	मोटल (m)	motal
3-sterren	तीन सितारा	tīn sitāra
5-sterren	पाँच सितारा	pānch sitāra

overnachten (ww)	ठहरना	thaharana
kamer (de)	कमरा (m)	kamara
eenpersoonskamer (de)	एक पलंग का कमरा (m)	ek palang ka kamara
tweepersoonskamer (de)	दो पलंगों का कमरा (m)	do palangon ka kamara
een kamer reserveren	कमरा बुक करना	kamara buk karana
halfpension (het)	हाफ़-बोर्ड (m)	hāf-bord
volpension (het)	फ़ुल-बोर्ड (m)	ful-bord
met badkamer	स्नानघर के साथ	snānaghar ke sāth
met douche	शॉवर के साथ	shovar ke sāth
satelliet-tv (de)	सैटेलाइट टेलीविज़न (m)	saitelait telīvizan
airconditioner (de)	एयर-कंडिशनर (m)	eyar-kandishanar
handdoek (de)	तौलिया (f)	tauliya
sleutel (de)	चाबी (f)	chābī
administrateur (de)	मैनेजर (m)	mainejar
kamermeisje (het)	चैम्बरमैड (f)	chaimabaramaid
piccolo (de)	कुली (m)	kulī
portier (de)	दरबान (m)	darabān
restaurant (het)	रेस्टराँ (m)	restarān
bar (de)	बार (m)	bār
ontbijt (het)	नाश्ता (m)	nāshta
avondeten (het)	रात्रिभोज (m)	rātribhoj
buffet (het)	बुफ़े (m)	bufe
hal (de)	लॉबी (f)	lobī
lift (de)	लिफ़्ट (m)	lift
NIET STOREN	परेशान न करें	pareshān na karen
VERBODEN TE ROKEN!	धुम्रपान निषेध!	dhumrapān nishedh!

TECHNISCHE APPARATUUR. VERVOER

Technische apparatuur

101. Computer

computer (de)	कंप्यूटर (m)	kampyūtar
laptop (de)	लैपटॉप (m)	laipatop
aanzetten (ww)	चलाना	chalāna
uitzetten (ww)	बंद करना	band karana
toetsenbord (het)	कीबोर्ड (m)	kībord
toets (enter~)	कुंजी (m)	kunjī
muis (de)	माउस (m)	maus
muismat (de)	माउस पैड (m)	maus paid
knopje (het)	बटन (m)	batan
cursor (de)	कर्सर (m)	karsar
monitor (de)	मॉनिटर (m)	monitar
scherm (het)	स्क्रीन (m)	skrīn
harde schijf (de)	हार्ड डिस्क (m)	hārd disk
volume (het) van de harde schijf	हार्ड डिस्क क्षमता (f)	hārd disk kshamata
geheugen (het)	मेमोरी (f)	memorī
RAM-geheugen (het)	रैंडम ऐक्सेस मेमोरी (f)	raindam aikses memorī
bestand (het)	फ़ाइल (f)	fail
folder (de)	फ़ोल्डर (m)	foldar
openen (ww)	खोलना	kholana
sluiten (ww)	बंद करना	band karana
opslaan (ww)	सहेजना	sahejana
verwijderen (wissen)	हटाना	hatāna
kopiëren (ww)	कॉपी करना	kopī karana
sorteren (ww)	व्यवस्थित करना	vyavasthit karana
overplaatsen (ww)	स्थानांतरित करना	sthānāntarit karana
programma (het)	प्रोग्राम (m)	progrām
software (de)	सोफ़्टवेयर (m)	softaveyar
programmeur (de)	प्रोग्रामर (m)	progrāmar
programmeren (ww)	प्रोग्राम करना	program karana
hacker (computerkraker)	हैकर (m)	haikar
wachtwoord (het)	पासवर्ड (m)	pāsavard
virus (het)	वाइरस (m)	vairas
ontdekken (virus ~)	तलाश करना	talāsh karana

byte (de)	बाइट (m)	bait
megabyte (de)	मेगाबाइट (m)	megābait
data (de)	डाटा (m pl)	dāta
databank (de)	डाटाबेस (m)	dātābes
kabel (USB-~, enz.)	तार (m)	tār
afsluiten (ww)	अलग करना	alag karana
aansluiten op (ww)	जोड़ना	jorana

102. Internet. E-mail

internet (het)	इन्टरनेट (m)	intaranet
browser (de)	ब्राऊज़र (m)	brauzar
zoekmachine (de)	सर्च इंजन (f)	sarch injan
internetprovider (de)	प्रोवाइडर (m)	provaidar
webmaster (de)	वेब मास्टर (m)	veb māstar
website (de)	वेब साइट (m)	veb sait
webpagina (de)	वेब पृष्ठ (m)	veb prshth
adres (het)	पता (m)	pata
adresboek (het)	संपर्क पुस्तक (f)	sampark pustak
postvak (het)	मेलबॉक्स (m)	melaboks
post (de)	डाक (m)	dāk
bericht (het)	संदेश (m)	sandesh
verzender (de)	प्रेषक (m)	preshak
verzenden (ww)	भेजना	bhejana
verzending (de)	भेजना (m)	bhejana
ontvanger (de)	प्रासकर्ती (m)	prāptakarta
ontvangen (ww)	प्रास करना	prāpt karana
correspondentie (de)	पत्राचार (m)	patrāchār
corresponderen (met ...)	पत्राचार करना	patrāchār karana
bestand (het)	फ़ाइल (f)	fail
downloaden (ww)	डाउनलोड करना	daunalod karana
creëren (ww)	बनाना	banāna
verwijderen (een bestand ~)	हटाना	hatāna
verwijderd (bn)	हटा दिया गया	hata diya gaya
verbinding (de)	कनेक्शन (m)	kanekshan
snelheid (de)	रफ़्तार (f)	rafatār
modem (de)	मोडेम (m)	modem
toegang (de)	पहुंच (m)	pahunch
poort (de)	पोर्ट (m)	port
aansluiting (de)	कनेक्शन (m)	kanekshan
zich aansluiten (ww)	जुड़ना	jurana
selecteren (ww)	चुनना	chunana
zoeken (ww)	खोजना	khojana

103. Elektriciteit

elektriciteit (de)	बिजली (f)	bijalī
elektrisch (bn)	बिजली का	bijalī ka
elektriciteitscentrale (de)	बिजलीघर (m)	bijalīghar
energie (de)	ऊर्जा (f)	ūrja
elektrisch vermogen (het)	विद्युत शक्ति (f)	vidyut shakti
lamp (de)	बल्ब (m)	balb
zaklamp (de)	फ्लैशलाइट (f)	flaishalait
straatlantaarn (de)	सड़क की बत्ती (f)	sarak kī battī
licht (elektriciteit)	बिजली (f)	bijalī
aandoen (ww)	चलाना	chalāna
uitdoen (ww)	बंद करना	band karana
het licht uitdoen	बिजली बंद करना	bijalī band karana
doorbranden (gloeilamp)	फ्यूज़ होना	fyūz hona
kortsluiting (de)	शार्ट सर्किट (m)	shārt sarkit
onderbreking (de)	टूटा तार (m)	tūta tār
contact (het)	सॉकेट (m)	soket
schakelaar (de)	स्विच (m)	svich
stopcontact (het)	सॉकेट (m)	soket
stekker (de)	प्लग (m)	plag
verlengsnoer (de)	एक्स्टेंशन कोर्ड (m)	ekstenshan kord
zekering (de)	फ्यूज़ (m)	fyūz
kabel (de)	तार (m)	tār
bedrading (de)	तार (m)	tār
ampère (de)	ऐम्पेयर (m)	aimpeyar
stroomsterkte (de)	विद्युत शक्ति (f)	vidyut shakti
volt (de)	वोल्ट (m)	volt
spanning (de)	वोल्टेज (f)	voltej
elektrisch toestel (het)	विद्युत यंत्र (m)	vidyut yantr
indicator (de)	सूचक (m)	sūchak
elektricien (de)	विद्युत कारीगर (m)	vidyut kārīgar
solderen (ww)	धातु जोड़ना	dhātu jorana
soldeerbout (de)	सोल्डरिंग आयरन (m)	soldaring āyaran
stroom (de)	विद्युत प्रवाह (f)	vidyut pravāh

104. Gereedschappen

werktuig (stuk gereedschap)	औज़ार (m)	auzār
gereedschap (het)	औज़ार (m pl)	auzār
uitrusting (de)	मशीन (f)	mashīn
hamer (de)	हथौड़ी (f)	hathaurī
schroevendraaier (de)	पेंचकस (m)	penchakas
bijl (de)	कुल्हाड़ी (f)	kulhārī

zaag (de)	आरी (f)	ārī
zagen (ww)	आरी से काटना	ārī se kātana
schaaf (de)	रंदा (m)	randa
schaven (ww)	छीलना	chhīlana
soldeerbout (de)	सोल्डरिंग आयरन (m)	soldaring āyaran
solderen (ww)	धातु जोड़ना	dhātu jorana
vijl (de)	रेती (f)	retī
nijptang (de)	संडसी (f pl)	sandasī
combinatietang (de)	प्लायर (m)	plāyar
beitel (de)	छेनी (f)	chhenī
boorkop (de)	ड्रिल बिट (m)	dril bit
boormachine (de)	विद्युतीय बरमा (m)	vidyutīy barama
boren (ww)	ड्रिल करना	dril karana
mes (het)	छुरी (f)	chhurī
zakmes (het)	खुलने-बंद होने वाली छुरी (f)	khulane-band hone vālī chhurī
knip- (abn)	खुलने-बंद होने वाली छुरी (f)	khulane-band hone vālī chhurī
lemmet (het)	धार (f)	dhār
scherp (bijv. ~ mes)	कटीला	katīla
bot (bn)	कुंद	kund
bot raken (ww)	कुंद करना	kund karana
slijpen (een mes ~)	धारदार बनाना	dhāradār banāna
bout (de)	बोल्ट (m)	bolt
moer (de)	नट (m)	nat
schroefdraad (de)	चूड़ी (f)	chūrī
houtschroef (de)	पेंच (m)	pench
nagel (de)	कील (f)	kīl
kop (de)	कील का सिरा (m)	kīl ka sira
liniaal (de/het)	स्केल (m)	skel
rolmeter (de)	इंची टेप (m)	inchī tep
waterpas (de/het)	स्पिरिट लेवल (m)	spirit leval
loep (de)	आवर्धक लेंस (m)	āvardhak lens
meetinstrument (het)	मापक यंत्र (m)	māpak yantr
opmeten (ww)	मापना	māpana
schaal (meetschaal)	स्केल (f)	skel
gegevens (mv.)	पाठ्यांक (m pl)	pāthyānk
compressor (de)	कंप्रेसर (m)	kampresar
microscoop (de)	माइक्रोस्कोप (m)	maikroskop
pomp (de)	पंप (m)	pamp
robot (de)	रोबोट (m)	robot
laser (de)	लेज़र (m)	lezar
moersleutel (de)	रिंच (m)	rinch
plakband (de)	फ़ीता (m)	fīta
lijm (de)	लेई (f)	leī

schuurpapier (het)	रेगमाल (m)	regamāl
veer (de)	कमानी (f)	kamānī
magneet (de)	मैग्नेट (m)	maignet
handschoenen (mv.)	दस्ताने (m pl)	dastāne
touw (bijv. henneptouw)	रस्सी (f)	rassī
snoer (het)	डोरी (f)	dorī
draad (de)	तार (m)	tār
kabel (de)	केबल (m)	kebal
moker (de)	हथौड़ा (m)	hathaura
breekijzer (het)	रंभा (m)	rambha
ladder (de)	सीढ़ी (f)	sīrhī
trapje (inklapbaar ~)	सीढ़ी (f)	sīrhī
aanschroeven (ww)	कसना	kasana
losschroeven (ww)	घुमाकर खोलना	ghumākar kholana
dichtpersen (ww)	कसना	kasana
vastlijmen (ww)	चिपकाना	chipakāna
snijden (ww)	काटना	kātana
defect (het)	ख़राबी (f)	kharābī
reparatie (de)	मरम्मत (f)	marammat
repareren (ww)	मरम्मत करना	marammat karana
regelen (een machine ~)	ठीक करना	thīk karana
nakijken (ww)	जांचना	jānchana
controle (de)	जांच (f)	jānch
gegevens (mv.)	पाठ्यांक (m)	pāthyānk
degelijk (bijv. ~ machine)	मज़बूत	mazabūt
ingewikkeld (bn)	जटिल	jatil
roesten (ww)	ज़ंग लगना	zang lagana
roestig (bn)	ज़ंग लगा हुआ	zang laga hua
roest (de/het)	ज़ंग (m)	zang

Vervoer

105. Vliegtuig

Nederlands	Hindi	Transliteratie
vliegtuig (het)	विमान (m)	vimān
vliegticket (het)	हवाई टिकट (m)	havaī tikat
luchtvaartmaatschappij (de)	हवाई कम्पनी (f)	havaī kampanī
luchthaven (de)	हवाई अड्डा (m)	havaī adda
supersonisch (bn)	पराध्वनिक	parādhvanik
gezagvoerder (de)	कप्तान (m)	kaptān
bemanning (de)	वैमानिक दल (m)	vaimānik dal
piloot (de)	विमान चालक (m)	vimān chālak
stewardess (de)	एयर होस्टस (f)	eyar hostas
stuurman (de)	नैवीगेटर (m)	naivīgetar
vleugels (mv.)	पंख (m pl)	pankh
staart (de)	पूँछ (f)	pūnchh
cabine (de)	कॉकपिट (m)	kokapit
motor (de)	इंजन (m)	injan
landingsgestel (het)	हवाई जहाज़ पहिये (m)	havaī jahāz pahiye
turbine (de)	टरबाइन (f)	tarabain
propeller (de)	प्रोपेलर (m)	propelar
zwarte doos (de)	ब्लैक बॉक्स (m)	blaik boks
stuur (het)	कंट्रोल कॉलम (m)	kantrol kolam
brandstof (de)	ईंधन (m)	īndhan
veiligheidskaart (de)	सुरक्षा-पत्र (m)	suraksha-patr
zuurstofmasker (het)	ऑक्सीजन मास्क (m)	oksījan māsk
uniform (het)	वर्दी (f)	vardī
reddingsvest (de)	बचाव पेटी (f)	bachāv petī
parachute (de)	पैराशूट (m)	pairāshūt
opstijgen (het)	उड़ान (m)	urān
opstijgen (ww)	उड़ना	urana
startbaan (de)	उड़ान पट्टी (f)	urān pattī
zicht (het)	दृश्यता (f)	drshyata
vlucht (de)	उड़ान (m)	urān
hoogte (de)	ऊंचाई (f)	ūnchaī
luchtzak (de)	वायु-पॉकेट (m)	vāyu-poket
plaats (de)	सीट (f)	sīt
koptelefoon (de)	हेडफ़ोन (m)	hedafon
tafeltje (het)	ट्रे टेबल (f)	tre tebal
venster (het)	हवाई जहाज़ की खिड़की (f)	havaī jahāz kī khirakī
gangpad (het)	गलियारा (m)	galiyāra

106. Trein

trein (de)	रेलगाड़ी, ट्रेन (f)	relagārī, tren
elektrische trein (de)	लोकल ट्रेन (f)	lokal tren
sneltrein (de)	तेज़ रेलगाड़ी (f)	tez relagārī
diesellocomotief (de)	डीज़ल रेलगाड़ी (f)	dīzal relagārī
locomotief (de)	स्टीम इंजन (f)	stīm injan
rijtuig (het)	कोच (f)	koch
restauratierijtuig (het)	डाइनर (f)	dainar
rails (mv.)	पटरियाँ (f)	patariyān
spoorweg (de)	रेलवे (f)	relave
dwarsligger (de)	पटरियाँ (f)	patariyān
perron (het)	प्लेटफॉर्म (m)	pletaform
spoor (het)	प्लेटफॉर्म (m)	pletaform
semafoor (de)	सिग्नल (m)	signal
halte (bijv. kleine treinhalte)	स्टेशन (m)	steshan
machinist (de)	इंजन ड्राइवर (m)	injan draivar
kruier (de)	कुली (m)	kulī
conducteur (de)	कोच एटेंडेंट (m)	koch etendent
passagier (de)	मुसाफ़िर (m)	musāfir
controleur (de)	टीटी (m)	tītī
gang (in een trein)	गलियारा (m)	galiyāra
noodrem (de)	आपात ब्रेक (m)	āpāt brek
coupé (de)	डिब्बा (m)	dibba
bed (slaapplaats)	बर्थ (f)	barth
bovenste bed (het)	ऊपरी बर्थ (f)	ūparī barth
onderste bed (het)	निचली बर्थ (f)	nīchalī barth
beddengoed (het)	बिस्तर (m)	bistar
kaartje (het)	टिकट (m)	tikat
dienstregeling (de)	टाइम टैबुल (m)	taim taibul
informatiebord (het)	सूचना बोर्ड (m)	sūchana bord
vertrekken	चले जाना	chale jāna
(De trein vertrekt ...)		
vertrek (ov. een trein)	रवानगी (f)	ravānagī
aankomen (ov. de treinen)	पहुंचना	pahunchana
aankomst (de)	आगमन (m)	āgaman
aankomen per trein	गाड़ी से पहुंचना	gārī se pahunchana
in de trein stappen	गाड़ी पकड़ना	gādī pakarana
uit de trein stappen	गाड़ी से उतरना	gārī se utarana
treinwrak (het)	दुर्घटनाग्रस्त (f)	durghatanāgrast
locomotief (de)	स्टीम इंजन (m)	stīm injan
stoker (de)	अग्निशामक (m)	agnishāmak
stookplaats (de)	भट्ठी (f)	bhatthī
steenkool (de)	कोयला (m)	koyala

107. Schip

schip (het)	जहाज़ (m)	jahāz
vaartuig (het)	जहाज़ (m)	jahāz
stoomboot (de)	जहाज़ (m)	jahāz
motorschip (het)	मोटर बोट (m)	motar bot
lijnschip (het)	लाइनर (m)	lainar
kruiser (de)	क्रूज़र (m)	krūzar
jacht (het)	याख़्ट (m)	yākht
sleepboot (de)	कर्षक पोत (m)	karshak pot
duwbak (de)	बार्ज (f)	bārj
ferryboot (de)	फेरी बोट (f)	ferī bot
zeilboot (de)	पाल नाव (f)	pāl nāv
brigantijn (de)	बादबानी (f)	bādabānī
IJsbreker (de)	हिमभंजक पोत (m)	himabhanjak pot
duikboot (de)	पनडुब्बी (f)	panadubbī
boot (de)	नाव (m)	nāv
sloep (de)	किश्ती (f)	kishtī
reddingssloep (de)	जीवन रक्षा किश्ती (f)	jīvan raksha kishtī
motorboot (de)	मोटर बोट (m)	motar bot
kapitein (de)	कप्तान (m)	kaptān
zeeman (de)	मल्लाह (m)	mallāh
matroos (de)	मल्लाह (m)	mallāh
bemanning (de)	वैमानिक दल (m)	vaimānik dal
bootsman (de)	बोसुन (m)	bosun
scheepsjongen (de)	बोसुन (m)	bosun
kok (de)	रसोइया (m)	rasoiya
scheepsarts (de)	पोत डाक्टर (m)	pot dāktar
dek (het)	डेक (m)	dek
mast (de)	मस्तूल (m)	mastūl
zeil (het)	पाल (m)	pāl
ruim (het)	कार्गो (m)	kārgo
voorsteven (de)	जहाज़ का अगड़ा हिस्सा (m)	jahāz ka agara hissa
achtersteven (de)	जहाज़ का पिछला हिस्सा (m)	jahāz ka pichhala hissa
roeispaan (de)	चप्पू (m)	chappū
schroef (de)	जहाज़ की पंखी चलाने का पेंच (m)	jahāz kī pankhī chalāne ka pench
kajuit (de)	कैबिन (m)	kaibin
officierskamer (de)	मेस (f)	mes
machinekamer (de)	मशीन-कमरा (m)	mashīn-kamara
brug (de)	ब्रिज (m)	brij
radiokamer (de)	रेडियो केबिन (m)	rediyo kebin
radiogolf (de)	रेडियो तरंग (f)	rediyo tarang
logboek (het)	जहाज़ी रजिस्टर (m)	jahāzī rajistar
verrekijker (de)	टेलिस्कोप (m)	teliskop

klok (de)	घंटा (m)	ghanta
vlag (de)	झंडा (m)	jhanda
kabel (de)	रस्सा (m)	rassa
knoop (de)	जहाज़ी गांठ (f)	jahāzī gānth
trapleuning (de)	रेलिंग (f)	reling
trap (de)	सीढ़ी (f)	sīrhī
anker (het)	लंगर (m)	langar
het anker lichten	लंगर उठाना	langar uthāna
het anker neerlaten	लंगर डालना	langar dālana
ankerketting (de)	लंगर की ज़जीर (f)	langar kī zajīr
haven (bijv. containerhaven)	बंदरगाह (m)	bandaragāh
kaai (de)	घाट (m)	ghāt
aanleggen (ww)	किनारे लगना	kināre lagana
wegvaren (ww)	रवाना होना	ravāna hona
reis (de)	यात्रा (f)	yātra
cruise (de)	जलयात्रा (f)	jalayātra
koers (de)	दिशा (f)	disha
route (de)	मार्ग (m)	mārg
vaarwater (het)	नाव्य जलपथ (m)	nāvy jalapath
zandbank (de)	छिछला पानी (m)	chhichhala pānī
stranden (ww)	छिछले पानी में धंसना	chhichhale pānī men dhansana
storm (de)	तूफ़ान (m)	tufān
signaal (het)	सिग्नल (m)	signal
zinken (ov. een boot)	डूबना	dūbana
SOS (noodsignaal)	एसओएस	esoes
reddingsboei (de)	लाइफ़ ब्वाय (m)	laif bvāy

108. Vliegveld

luchthaven (de)	हवाई अड्डा (m)	havaī adda
vliegtuig (het)	विमान (m)	vimān
luchtvaartmaatschappij (de)	हवाई कम्पनी (f)	havaī kampanī
luchtverkeersleider (de)	हवाई यातायात नियंत्रक (m)	havaī yātāyāt niyantrak
vertrek (het)	प्रस्थान (m)	prasthān
aankomst (de)	आगमन (m)	āgaman
aankomen (per vliegtuig)	पहुंचना	pahunchana
vertrektijd (de)	उड़ान का समय (m)	urān ka samay
aankomstuur (het)	आगमन का समय (m)	āgaman ka samay
vertraagd zijn (ww)	देर से आना	der se āna
vluchtvertraging (de)	उड़ान देरी (f)	urān derī
informatiebord (het)	सूचना बोर्ड (m)	sūchana bord
informatie (de)	सूचना (f)	sūchana

aankondigen (ww)	घोषणा करना	ghoshana karana
vlucht (bijv. KLM ~)	फ़्लाइट (f)	flait
douane (de)	सीमाशुल्क कार्यालय (m)	sīmāshulk kāryālay
douanier (de)	सीमाशुल्क अधिकारी (m)	sīmāshulk adhikārī
douaneaangifte (de)	सीमाशुल्क घोषणा (f)	sīmāshulk ghoshana
een douaneaangifte invullen	सीमाशुल्क घोषणा भरना	sīmāshulk ghoshana bharana
paspoortcontrole (de)	पासपोर्ट जांच (f)	pāsport jānch
bagage (de)	सामान (m)	sāmān
handbagage (de)	दस्ती सामान (m)	dastī sāmān
bagagekarretje (het)	सामान के लिये गाड़ी (f)	sāmān ke liye gārī
landing (de)	विमानारोहण (m)	vimānārohan
landingsbaan (de)	विमानारोहण मार्ग (m)	vimānārohan mārg
landen (ww)	उतरना	utarana
vliegtuigtrap (de)	सीढ़ी (f)	sīrhī
inchecken (het)	चेक-इन (m)	chek-in
incheckbalie (de)	चेक-इन डेस्क (m)	chek-in desk
inchecken (ww)	चेक-इन करना	chek-in karana
instapkaart (de)	बोर्डिंग पास (m)	bording pās
gate (de)	प्रस्थान गेट (m)	prasthān get
transit (de)	पारवहन (m)	pāravahan
wachten (ww)	इंतज़ार करना	intazār karana
wachtzaal (de)	प्रतीक्षालय (m)	pratīkshālay
begeleiden (uitwuiven)	विदा करना	vida karana
afscheid nemen (ww)	विदा कहना	vida kahana

Gebeurtenissen in het leven

109. Vakanties. Evenement

feest (het)	त्योहार (m)	tyohār
nationale feestdag (de)	राष्ट्रीय त्योहार (m)	rāshtrīy tyohār
feestdag (de)	त्योहार का दिन (m)	tyohār ka din
herdenken (ww)	पुण्यस्मरण करना	punyasmaran karana
gebeurtenis (de)	घटना (f)	ghatana
evenement (het)	आयोजन (m)	āyojan
banket (het)	राजभोज (m)	rājabhoj
receptie (de)	दावत (f)	dāvat
feestmaal (het)	दावत (f)	dāvat
verjaardag (de)	वर्षगांठ (m)	varshagānth
jubileum (het)	वर्षगांठ (m)	varshagānth
vieren (ww)	मनाना	manāna
Nieuwjaar (het)	नव वर्ष (m)	nav varsh
Gelukkig Nieuwjaar!	नव वर्ष की शुभकामना!	nav varsh kī shubhakāmana!
Sinterklaas (de)	सांता क्लॉज़ (m)	sānta kloz
Kerstfeest (het)	बड़ा दिन (m)	bara din
Vrolijk kerstfeest!	क्रिसमस की शुभकामनाएँ!	krisamas kī shubhakāmanaen!
kerstboom (de)	क्रिस्मस ट्री (m)	krismas trī
vuurwerk (het)	अग्नि क्रीड़ा (f)	agni krīra
bruiloft (de)	शादी (f)	shādī
bruidegom (de)	दुल्हा (m)	dulha
bruid (de)	दुल्हन (f)	dulhan
uitnodigen (ww)	आमंत्रित करना	āmantrit karana
uitnodiging (de)	निमंत्रण पत्र (m)	nimantran patr
gast (de)	मेहमान (m)	mehamān
op bezoek gaan	मिलने जाना	milane jāna
gasten verwelkomen	मेहमानों से मिलना	mehamānon se milana
geschenk, cadeau (het)	उपहार (m)	upahār
geven (iets cadeau ~)	उपहार देना	upahār dena
geschenken ontvangen	उपहार मिलना	upahār milana
boeket (het)	गुलदस्ता (m)	guladasta
felicitaties (mv.)	बधाई (f)	badhaī
feliciteren (ww)	बधाई देना	badhaī dena
wenskaart (de)	बधाई पोस्टकार्ड (m)	badhaī postakārd
een kaartje versturen	पोस्टकार्ड भेजना	postakārd bhejana

een kaartje ontvangen	पोस्टकार्ड पाना	postakārd pāna
toast (de)	टोस्ट (m)	tost
aanbieden (een drankje ~)	ऑफ़र करना	ofar karana
champagne (de)	शैम्पेन (f)	shaimpen
plezier hebben (ww)	मज़े करना	maze karana
plezier (het)	आमोद (m)	āmod
vreugde (de)	खुशी (f)	khushī
dans (de)	नाच (m)	nāch
dansen (ww)	नाचना	nāchana
wals (de)	वॉल्ट्ज़ (m)	voltz
tango (de)	टैंगो (m)	taingo

110. Begrafenissen. Begrafenis

kerkhof (het)	क़ब्रिस्तान (m)	kabristān
graf (het)	क़ब्र (m)	kabr
kruis (het)	क्रॉस (m)	kros
grafsteen (de)	सामाधि शिला (f)	sāmādhi shila
omheining (de)	बाड़ (f)	bār
kapel (de)	चैपल (m)	chaipal
dood (de)	मृत्यु (f)	mrtyu
sterven (ww)	मरना	marana
overledene (de)	मृतक (m)	mrtak
rouw (de)	शोक (m)	shok
begraven (ww)	दफनाना	dafanāna
begrafenisonderneming (de)	दफ़नालय (m)	dafanālay
begrafenis (de)	अंतिम संस्कार (m)	antim sanskār
krans (de)	फूलमाला (f)	fūlamāla
doodskist (de)	ताबूत (m)	tābūt
lijkwagen (de)	शव मंच (m)	shav manch
lijkkleed (de)	कफन (m)	kafan
urn (de)	भस्मी कलश (m)	bhasmī kalash
crematorium (het)	दाहगृह (m)	dāhagrh
overlijdensbericht (het)	निधन सूचना (f)	nidhan sūchana
huilen (wenen)	रोना	rona
snikken (huilen)	रोना	rona

111. Oorlog. Soldaten

peloton (het)	दस्ता (m)	dasta
compagnie (de)	कंपनी (f)	kampanī
regiment (het)	रेजीमेंट (f)	rejīment
leger (armee)	सेना (f)	sena
divisie (de)	डिवीज़न (m)	divīzan

sectie (de)	दल (m)	dal
troep (de)	फौज (m)	fauj
soldaat (militair)	सिपाही (m)	sipāhī
officier (de)	अफ़सर (m)	afsar
soldaat (rang)	सैनिक (m)	sainik
sergeant (de)	सार्जेंट (m)	sārjent
luitenant (de)	लेफ्टिनेंट (m)	leftinent
kapitein (de)	कप्तान (m)	kaptān
majoor (de)	मेजर (m)	mejar
kolonel (de)	कर्नल (m)	karnal
generaal (de)	जनरल (m)	janaral
matroos (de)	मल्लाह (m)	mallāh
kapitein (de)	कप्तान (m)	kaptān
bootsman (de)	बोसुन (m)	bosun
artillerist (de)	तोपची (m)	topachī
valschermjager (de)	पैराट्रूपर (m)	pairātrūpar
piloot (de)	पाइलट (m)	pailat
stuurman (de)	नैवीगेटर (m)	naivīgetar
mecanicien (de)	मैकेनिक (m)	maikenik
sappeur (de)	सैपर (m)	saipar
parachutist (de)	छतरीबाज़ (m)	chhatarībāz
verkenner (de)	जासूस (m)	jāsūs
scherpschutter (de)	निशानची (m)	nishānachī
patrouille (de)	गश्त (m)	gasht
patrouilleren (ww)	गश्त लगाना	gasht lagāna
wacht (de)	प्रहरी (m)	praharī
krijger (de)	सैनिक (m)	sainik
held (de)	हिरो (m)	hiro
heldin (de)	हिरोइन (f)	hiroin
patriot (de)	देशभक्त (m)	deshabhakt
verrader (de)	गद्दार (m)	gaddār
deserteur (de)	भगोड़ा (m)	bhagora
deserteren (ww)	भाग जाना	bhāg jāna
huurling (de)	भाड़े का सैनिक (m)	bhāre ka sainik
rekruut (de)	रंगरूट (m)	rangarūt
vrijwilliger (de)	स्वयंसेवी (m)	svayansevī
gedode (de)	मृतक (m)	mrtak
gewonde (de)	घायल (m)	ghāyal
krijgsgevangene (de)	युद्ध क़ैदी (m)	yuddh qaidī

112. Oorlog. Militaire acties. Deel 1

oorlog (de)	युद्ध (m)	yuddh
oorlog voeren (ww)	युद्ध करना	yuddh karana

burgeroorlog (de)	गृहयुद्ध (m)	grhayuddh
achterbaks (bw)	विश्वासघाती ढंग से	vishvāsaghātī dhang se
oorlogsverklaring (de)	युद्ध का एलान (m)	yuddh ka elān
verklaren (de oorlog ~)	एलान करना	elān karana
agressie (de)	हमला (m)	hamala
aanvallen (binnenvallen)	हमला करना	hamala karana
binnenvallen (ww)	हमला करना	hamala karana
invaller (de)	आक्रमणकारी (m)	ākramanakārī
veroveraar (de)	विजेता (m)	vijeta
verdediging (de)	हिफ़ाज़त (f)	hifāzat
verdedigen (je land ~)	हिफ़ाज़त करना	hifāzat karana
zich verdedigen (ww)	के विरुद्ध हिफ़ाज़त करना	ke viruddh hifāzat karana
vijand (de)	दुश्मन (m)	dushman
tegenstander (de)	विपक्ष (m)	vipaksh
vijandelijk (bn)	दुश्मनों का	dushmanon ka
strategie (de)	रणनीति (f)	rananīti
tactiek (de)	युक्ति (f)	yukti
order (de)	हुक्म (m)	hukm
bevel (het)	आज्ञा (f)	āgya
bevelen (ww)	हुक्म देना	hukm dena
opdracht (de)	मिशन (m)	mishan
geheim (bn)	गुप्त	gupt
strijd, slag (de)	लड़ाई (f)	laraī
strijd (de)	युद्ध (m)	yuddh
aanval (de)	आक्रमण (m)	ākraman
bestorming (de)	धावा (m)	dhāva
bestormen (ww)	धावा करना	dhāva karana
bezetting (de)	घेरा (m)	ghera
aanval (de)	आक्रमण (m)	ākraman
in het offensief te gaan	आक्रमण करना	ākraman karana
terugtrekking (de)	अपयान (m)	apayān
zich terugtrekken (ww)	अपयान करना	apayān karana
omsingeling (de)	घेराई (f)	gheraī
omsingelen (ww)	घेरना	gherana
bombardement (het)	बमबारी (f)	bamabārī
een bom gooien	बम गिराना	bam girāna
bombarderen (ww)	बमबारी करना	bamabārī karana
ontploffing (de)	विस्फोट (m)	visfot
schot (het)	गोली (m)	golī
een schot lossen	गोली चलाना	golī chalāna
schieten (het)	गोलीबारी (f)	golībārī
mikken op (ww)	निशाना लगाना	nishāna lagāna
aanleggen (een wapen ~)	निशाना बांधना	nishāna bāndhana

treffen (doelwit ~)	गोली मारना	golī mārana
zinken (tot zinken brengen)	डुबाना	dubāna
kogelgat (het)	छेद (m)	chhed
zinken (gezonken zijn)	डूबना	dūbana
front (het)	मोरचा (m)	moracha
evacuatie (de)	निकास (m)	nikās
evacueren (ww)	निकास करना	nikās karana
prikkeldraad (de)	कांटेदार तार (m)	kāntedār tār
verdedigingsobstakel (het)	बाड़ (m)	bār
wachttoren (de)	बुर्ज (m)	burj
hospitaal (het)	सैनिक अस्पताल (m)	sainik aspatāl
verwonden (ww)	घायल करना	ghāyal karana
wond (de)	घाव (m)	ghāv
gewonde (de)	घायल (m)	ghāyal
gewond raken (ww)	घायल होना	ghāyal hona
ernstig (~e wond)	गम्भीर	gambhīr

113. Oorlog. Militaire acties. Deel 2

krijgsgevangenschap (de)	क़ैद (f)	qaid
krijgsgevangen nemen	क़ैद करना	qaid karana
krijgsgevangene zijn	क़ैद में रखना	qaid men rakhana
krijgsgevangen genomen worden	क़ैद में लेना	qaid men lena
concentratiekamp (het)	कन्सेंट्रेशन कैंप (m)	kansentreshan kaimp
krijgsgevangene (de)	युद्ध-क़ैदी (m)	yuddh-qaidī
vluchten (ww)	क़ैद से भाग जाना	qaid se bhāg jāna
verraden (ww)	गद्दारी करना	gaddārī karana
verrader (de)	गद्दार (m)	gaddār
verraad (het)	गद्दारी (f)	gaddārī
fusilleren (executeren)	फाँसी देना	fānsī dena
executie (de)	प्राणदण्ड (f)	prānadand
uitrusting (de)	फ़ौजी पोशक (m)	faujī poshak
schouderstuk (het)	कंधे का फ़ीता (m)	kandhe ka fīta
gasmasker (het)	गैस मास्क (m)	gais māsk
portofoon (de)	ट्रांस-रिसिवर (m)	trāns-risivar
geheime code (de)	गुमलेख (m)	guptalekh
samenzwering (de)	गुप्तता (f)	guptata
wachtwoord (het)	पासवर्ड (m)	pāsavard
mijn (landmijn)	बारूदी सुरंग (f)	bārūdī surang
ondermijnen (legden mijnen)	सुरंग खोदना	surang khodana
mijnenveld (het)	सुरंग-क्षेत्र (m)	surang-kshetr
luchtalarm (het)	हवाई हमले की चेतावनी (f)	havaī hamale kī chetāvanī
alarm (het)	चेतावनी (f)	chetāvanī

signaal (het)	सिग्नल (m)	signal
vuurpijl (de)	सिग्नल रॉकेट (m)	signal roket
staf (generale ~)	सैनिक मुख्यालय (m)	sainik mukhyālay
verkenningstocht (de)	जासूसी देख-भाल (m)	jāsūsī dekh-bhāl
toestand (de)	हालत (f)	hālat
rapport (het)	रिपोर्ट (m)	riport
hinderlaag (de)	घात (f)	ghāt
versterking (de)	बलवृद्धि (m)	balavrddhi
doel (bewegend ~)	निशाना (m)	nishāna
proefterrein (het)	प्रशिक्षण क्षेत्र (m)	prashikshan kshetr
manoeuvres (mv.)	युद्धाभ्यास (m pl)	yuddhābhyās
paniek (de)	भगदड़ (f)	bhagadar
verwoesting (de)	तबाही (f)	tabāhī
verwoestingen (mv.)	विनाश (m pl)	vināsh
verwoesten (ww)	नष्ट करना	nasht karana
overleven (ww)	जीवित रहना	jīvit rahana
ontwapenen (ww)	निरस्त्र करना	nirastr karana
behandelen (een pistool ~)	हथियार चलाना	hathiyār chalāna
Geeft acht!	सावधान!	sāvadhān!
Op de plaats rust!	आराम!	ārām!
heldendaad (de)	साहस का कार्य (m)	sāhas ka kāry
eed (de)	शपथ (f)	shapath
zweren (een eed doen)	शपथ लेना	shapath lena
decoratie (de)	पदक (m)	padak
onderscheiden (een ereteken geven)	इनाम देना	inām dena
medaille (de)	मेडल (m)	medal
orde (de)	आर्डर (m)	ārdar
overwinning (de)	विजय (m)	vijay
verlies (het)	हार (f)	hār
wapenstilstand (de)	युद्धविराम (m)	yuddhavirām
wimpel (vaandel)	झंडा (m)	jhanda
roem (de)	प्रताप (m)	pratāp
parade (de)	परेड (m)	pared
marcheren (ww)	मार्च करना	mārch karana

114. Wapens

wapens (mv.)	हथियार (m)	hathiyār
vuurwapens (mv.)	हथियार (m)	hathiyār
koude wapens (mv.)	पैने हथियार (m)	paine hathiyār
chemische wapens (mv.)	रसायनिक शस्त्र (m)	rasāyanik shastr
kern-, nucleair (bn)	आण्विक	ānvik
kernwapens (mv.)	आण्विक-शस्त्र (m)	ānvik-shastr

bom (de)	बम (m)	bam
atoombom (de)	परमाणु बम (m)	paramānu bam
pistool (het)	पिस्तौल (m)	pistaul
geweer (het)	बंदूक (m)	bandūk
machinepistool (het)	टामी गन (f)	tāmī gan
machinegeweer (het)	मशीन गन (f)	mashīn gan
loop (schietbuis)	नालमुख (m)	nālamukh
loop (bijv. geweer met kortere ~)	नाल (m)	nāl
kaliber (het)	नली का व्यास (m)	nalī ka vyās
trekker (de)	घोड़ा (m)	ghora
korrel (de)	लक्षक (m)	lakshak
magazijn (het)	मैगज़ीन (m)	maigazīn
geweerkolf (de)	कुंदा (m)	kunda
granaat (handgranaat)	ग्रेनेड (m)	grened
explosieven (mv.)	विस्फोटक (m)	visfotak
kogel (de)	गोली (f)	golī
patroon (de)	कारतूस (m)	kāratūs
lading (de)	गति (f)	gati
ammunitie (de)	गोला बारूद (m pl)	gola bārūd
bommenwerper (de)	बमबार (m)	bamabār
straaljager (de)	लड़ाकू विमान (m)	larākū vimān
helikopter (de)	हेलीकॉप्टर (m)	helikoptar
afweergeschut (het)	विमान-विध्वंस तोप (f)	vimān-vidhvans top
tank (de)	टैंक (m)	taink
kanon (tank met een ~ van 76 mm)	तोप (m)	top
artillerie (de)	तोपें (m)	topen
aanleggen (een wapen ~)	निशाना बांधना	nishāna bāndhana
projectiel (het)	गोला (m)	gola
mortiergranaat (de)	मोर्टार बम (m)	mortār bam
mortier (de)	मोर्टार (m)	mortār
granaatscherf (de)	किरच (m)	kirach
duikboot (de)	पनडुब्बी (f)	panadubbī
torpedo (de)	टोरपीडो (m)	torapīdo
raket (de)	रॉकेट (m)	roket
laden (geweer, kanon)	बंदूक भरना	bandūk bharana
schieten (ww)	गोली चलाना	golī chalāna
richten op (mikken)	निशाना लगाना	nishāna lagāna
bajonet (de)	किरिच (m)	kirich
degen (de)	खंजर (m)	khanjar
sabel (de)	कृपाण (m)	krpān
speer (de)	भाला (m)	bhāla
boog (de)	धनुष (m)	dhanush

pijl (de)	बाण (m)	bān
musket (de)	मसकट (m)	masakat
kruisboog (de)	क्रॉसबो (m)	krosabo

115. Oude mensen

primitief (bn)	आदिकालीन	ādikālīn
voorhistorisch (bn)	प्रागैतिहासिक	prāgaitihāsik
eeuwenoude (~ beschaving)	प्राचीन	prāchīn
Steentijd (de)	पाषाण युग (m)	pāshān yug
Bronstijd (de)	कांस्य युग (m)	kānsy yug
IJstijd (de)	हिम युग (m)	him yug
stam (de)	जनजाति (f)	janajāti
menseneter (de)	नरभक्षी (m)	narabhakshī
jager (de)	शिकारी (m)	shikārī
jagen (ww)	शिकार करना	shikār karana
mammoet (de)	प्राचीन युग हाथी (m)	prāchīn yug hāthī
grot (de)	गुफ़ा (f)	gufa
vuur (het)	अग्नि (m)	agni
kampvuur (het)	अलाव (m)	alāv
rotstekening (de)	शिला चित्र (m)	shila chitr
werkinstrument (het)	औज़ार (m)	auzār
speer (de)	भाला (m)	bhāla
stenen bijl (de)	पत्थर की कुल्हाड़ी (f)	patthar kī kulhārī
oorlog voeren (ww)	युद्ध पर होना	yuddh par hona
temmen (bijv. wolf ~)	जानवरों को पालतू बनाना	jānavaron ko pālatū banāna
idool (het)	मूर्ति (f)	mūrti
aanbidden (ww)	पूजना	pūjana
bijgeloof (het)	अंधविश्वास (m)	andhavishvās
ritueel (het)	अनुष्ठान (m)	anushthān
evolutie (de)	उद्भव (m)	udbhav
ontwikkeling (de)	विकास (m)	vikās
verdwijning (de)	गायब (m)	gāyab
zich aanpassen (ww)	अनुकूल बनाना	anukūl banāna
archeologie (de)	पुरातत्व (m)	purātatv
archeoloog (de)	पुरातत्वविद (m)	purātatvavid
archeologisch (bn)	पुरातात्विक	purātātvik
opgravingsplaats (de)	खुदाई क्षेत्र (m pl)	khudaī kshetr
opgravingen (mv.)	उत्खनन (f)	utkhanan
vondst (de)	खोज (f)	khoj
fragment (het)	टुकड़ा (m)	tukara

116. Middeleeuwen

volk (het)	लोग (m)	log
volkeren (mv.)	लोग (m pl)	log

stam (de)	जनजाति (f)	janajāti
stammen (mv.)	जनजातियाँ (f pl)	janajātiyān
barbaren (mv.)	बर्बर (m pl)	barbar
Galliërs (mv.)	गॉल्स (m pl)	gols
Goten (mv.)	गोथ्स (m pl)	goths
Slaven (mv.)	स्लैव्स (m pl)	slaivs
Vikings (mv.)	वाइकिंग्स (m pl)	vaikings
Romeinen (mv.)	रोमन (m pl)	roman
Romeins (bn)	रोमन	roman
Byzantijnen (mv.)	बाइज़ेंटीनी (m pl)	baizentīnī
Byzantium (het)	बाइज़ेंटीयम (m)	baizentīyam
Byzantijns (bn)	बाइज़ेंटीन	baizentīn
keizer (bijv. Romeinse ~)	सम्राट् (m)	samrāt
opperhoofd (het)	सरदार (m)	saradār
machtig (bn)	प्रबल	prabal
koning (de)	बादशाह (m)	bādashāh
heerser (de)	शासक (m)	shāsak
ridder (de)	योद्धा (m)	yoddha
feodaal (de)	सामंत (m)	sāmant
feodaal (bn)	सामंतिक	sāmantik
vazal (de)	जागीरदार (m)	jāgīradār
hertog (de)	ड्यूक (m)	dyūk
graaf (de)	अर्ल (m)	arl
baron (de)	बैरन (m)	bairan
bisschop (de)	बिशप (m)	bishap
harnas (het)	कवच (m)	kavach
schild (het)	ढाल (m)	dhāl
zwaard (het)	तलवार (f)	talavār
vizier (het)	मुखावरण (m)	mukhāvaran
maliënkolder (de)	कवच (m)	kavach
kruistocht (de)	धर्मयुद्ध (m)	dharmayuddh
kruisvaarder (de)	धर्मयोद्धा (m)	dharmayoddha
gebied (bijv. bezette ~en)	प्रदेश (m)	pradesh
aanvallen (binnenvallen)	हमला करना	hamala karana
veroveren (ww)	जीतना	jītana
innemen (binnenvallen)	कब्ज़ा करना	kabza karana
bezetting (de)	घेरा (m)	ghera
bezet (bn)	घेरा हुआ	ghera hua
belegeren (ww)	घेरना	gherana
inquisitie (de)	न्यायिक जांच (m)	nyāyik jānch
inquisiteur (de)	न्यायिक जांचकर्ता (m)	nyāyik jānchakarta
foltering (de)	घोर शारीरिक यंत्रणा (f)	ghor sharīrik yantrana
wreed (bn)	निर्दयी	nirdayī
ketter (de)	विधर्मी (m)	vidharmī
ketterij (de)	विधर्म (m)	vidharm

zeevaart (de)	जहाज़रानी (f)	jahāzarānī
piraat (de)	समुद्री लुटेरा (m)	samudrī lūtera
piraterij (de)	समुद्री डकैती (f)	samudrī dakaitī
enteren (het)	बोर्डिंग (m)	bording
buit (de)	लूट का माल (m)	lūt ka māl
schatten (mv.)	ख़ज़ाना (m)	khazāna
ontdekking (de)	खोज (f)	khoj
ontdekken (bijv. nieuw land)	नई ज़मीन खोजना	naī zamīn khojana
expeditie (de)	अभियान (m)	abhiyān
musketier (de)	बंदूक धारी सिपाही (m)	bandūk dhārī sipāhī
kardinaal (de)	कार्डिनल (m)	kārdinal
heraldiek (de)	शौर्यशास्त्र (f)	shauryashāstr
heraldisch (bn)	हेरल्डिक	heraldik

117. Leider. Baas. Autoriteiten

koning (de)	बादशाह (m)	bādashāh
koningin (de)	महारानी (f)	mahārānī
koninklijk (bn)	राजसी	rājasī
koninkrijk (het)	राज्य (m)	rājy
prins (de)	राजकुमार (m)	rājakumār
prinses (de)	राजकुमारी (f)	rājakumārī
president (de)	राष्ट्रपति (m)	rāshtrapati
vicepresident (de)	उपराष्ट्रपति (m)	uparāshtrapati
senator (de)	सांसद (m)	sānsad
monarch (de)	सम्राट (m)	samrāt
heerser (de)	शासक (m)	shāsak
dictator (de)	तानाशाह (m)	tānāshāh
tiran (de)	तानाशाह (m)	tānāshāh
magnaat (de)	रईस (m)	raīs
directeur (de)	निदेशक (m)	nideshak
chef (de)	मुखिया (m)	mukhiya
beheerder (de)	मैनेजर (m)	mainejar
baas (de)	साहब (m)	sāhab
eigenaar (de)	मालिक (m)	mālik
hoofd (bijv. ~ van de delegatie)	मुखिया (m)	mukhiya
autoriteiten (mv.)	अधिकारी वर्ग (m pl)	adhikārī varg
superieuren (mv.)	अधिकारी (m)	adhikārī
gouverneur (de)	राज्यपाल (m)	rājyapāl
consul (de)	वाणिज्य-दूत (m)	vānijy-dūt
diplomaat (de)	राजनयिक (m)	rājanayik
burgemeester (de)	महापालिकाध्यक्ष (m)	mahāpālikādhyaksh
sheriff (de)	प्रधान हाकिम (m)	pradhān hākim
keizer (bijv. Romeinse ~)	सम्राट (m)	samrāt
tsaar (de)	राजा (m)	rāja

farao (de)	फ़िरौन (m)	firaun
kan (de)	ख़ान (m)	khān

118. De wet overtreden. Criminelen. Deel 1

bandiet (de)	डाकू (m)	dākū
misdaad (de)	जुर्म (m)	jurm
misdadiger (de)	अपराधी (m)	aparādhī
dief (de)	चोर (m)	chor
stelen, diefstal (de)	चोरी (f)	chorī
kidnappen (ww)	अपहरण करना	apaharan karana
kidnapping (de)	अपहरण (m)	apaharan
kidnapper (de)	अपहरणकर्ता (m)	apaharanakartta
losgeld (het)	फ़िरौती (f)	firautī
eisen losgeld (ww)	फ़िरौती मांगना	firautī māngana
overvallen (ww)	लूटना	lūtana
overvaller (de)	लुटेरा (m)	lutera
afpersen (ww)	ऐंठना	ainthana
afperser (de)	वसूलिकर्ता (m)	vasūlikarta
afpersing (de)	जबरन वसूली (m)	jabaran vasūlī
vermoorden (ww)	मारना	mārana
moord (de)	हत्या (f)	hatya
moordenaar (de)	हत्यारा (m)	hatyāra
schot (het)	गोली (m)	golī
een schot lossen	गोली चलाना	golī chalāna
neerschieten (ww)	गोली मारकर हत्या करना	golī mārakar hatya karana
schieten (ww)	गोली चलाना	golī chalāna
schieten (het)	गोलीबारी (f)	golībārī
ongeluk (gevecht, enz.)	घटना (f)	ghatana
gevecht (het)	झगड़ा (m)	jhagara
Help!	बचाओ!	bachao!
slachtoffer (het)	शिकार (m)	shikār
beschadigen (ww)	हानि पहुँचाना	hāni pahunchāna
schade (de)	नुक्सान (m)	nuksān
lijk (het)	शव (m)	shav
zwaar (~ misdrijf)	गंभीर	gambhīr
aanvallen (ww)	आक्रमण करना	ākraman karana
slaan (iemand ~)	पीटना	pītana
in elkaar slaan (toetakelen)	पीट जाना	pīt jāna
ontnemen (beroven)	लूटना	lūtana
steken (met een mes)	चाकू से मार डालना	chākū se mār dālana
verminken (ww)	अपाहिज करना	apāhij karana
verwonden (ww)	घाव करना	ghāv karana
chantage (de)	ब्लैकमेल (m)	blaikamel

chanteren (ww)	धमकी से रुपया ऐंठना	dhamakī se rupaya ainthana
chanteur (de)	ब्लैकमेलर (m)	blaikamelar
afpersing (de)	ठग व्यापार (m)	thag vyāpār
afperser (de)	ठग व्यापारी (m)	thag vyāpārī
gangster (de)	गैंगस्टर (m)	gaingastar
maffia (de)	माफ़िया (f)	māfiya
kruimeldief (de)	जेबकतरा (m)	jebakatara
inbreker (de)	सेंधमार (m)	sendhamār
smokkelen (het)	तस्करी (m)	taskarī
smokkelaar (de)	तस्कर (m)	taskar
namaak (de)	जालसाज़ी (f)	jālasāzī
namaken (ww)	जलसाज़ी करना	jalasāzī karana
namaak-, vals (bn)	नक़ली	naqalī

119. De wet overtreden. Criminelen. Deel 2

verkrachting (de)	बलात्कार (m)	balātkār
verkrachten (ww)	बलात्कार करना	balātkār karana
verkrachter (de)	बलात्कारी (m)	balātkārī
maniak (de)	कामोन्मादी (m)	kāmonmādī
prostituee (de)	वैश्या (f)	vaishya
prostitutie (de)	वेश्यावृत्ति (m)	veshyāvrtti
pooier (de)	भड़ुआ (m)	bharua
drugsverslaafde (de)	नशेबाज़ (m)	nashebāz
drugshandelaar (de)	नशीली दवा के विक्रेता (m)	nashīlī dava ke vikreta
opblazen (ww)	विस्फोट करना	visfot karana
explosie (de)	विस्फोट (m)	visfot
in brand steken (ww)	आग जलाना	āg jalāna
brandstichter (de)	आग जलानेवाला (m)	āg jalānevāla
terrorisme (het)	आतंकवाद (m)	ātankavād
terrorist (de)	आतंकवादी (m)	ātankavādī
gijzelaar (de)	बंधक (m)	bandhak
bedriegen (ww)	धोखा देना	dhokha dena
bedrog (het)	धोखा (m)	dhokha
oplichter (de)	धोखेबाज़ (m)	dhokhebāz
omkopen (ww)	रिश्वत देना	rishvat dena
omkoperij (de)	रिश्वतखोरी (m)	rishvatakhorī
smeergeld (het)	रिश्वत (m)	rishvat
vergif (het)	ज़हर (m)	zahar
vergiftigen (ww)	ज़हर खिलाना	zahar khilāna
vergif innemen (ww)	ज़हर खाना	zahar khāna
zelfmoord (de)	आत्महत्या (f)	ātmahatya
zelfmoordenaar (de)	आत्महत्यारा (m)	ātmahatyāra

bedreigen (bijv. met een pistool)	धमकाना	dhamakāna
bedreiging (de)	धमकी (f)	dhamakī
een aanslag plegen	प्रयत्न करना	prayatn karana
aanslag (de)	हत्या का प्रयत्न (m)	hatya ka prayatn
stelen (een auto)	चुराना	churāna
kapen (een vliegtuig)	विमान का अपहरण करना	vimān ka apaharan karana
wraak (de)	बदला (m)	badala
wreken (ww)	बदला लेना	badala lena
martelen (gevangenen)	घोर शारीरिक यंत्रणा पहुंचाना	ghor sharīrik yantrana pahunchāna
foltering (de)	घोर शारीरिक यंत्रणा (f)	ghor sharīrik yantrana
folteren (ww)	सताना	satāna
piraat (de)	समुद्री लूटेरा (m)	samudrī lūtera
straatschender (de)	बदमाश (m)	badamāsh
gewapend (bn)	सशस्त्र	sashastr
geweld (het)	अत्याचार (m)	atyachār
spionage (de)	जासूसी (f)	jāsūsī
spioneren (ww)	जासूसी करना	jāsūsī karana

120. Politie. Wet. Deel 1

gerecht (het)	मुकदमा (m)	muqadama
gerechtshof (het)	न्यायालय (m)	nyāyālay
rechter (de)	न्यायाधीश (m)	nyāyādhīsh
jury (de)	जूरी सदस्य (m pl)	jūrī sadasy
juryrechtspraak (de)	जूरी (f)	jūrī
berechten (ww)	मुकदमा सुनना	muqadama sunana
advocaat (de)	वकील (m)	vakīl
beklaagde (de)	मुलज़िम (m)	mulazim
beklaagdenbank (de)	अदालत का कठघरा (m)	adālat ka kathaghara
beschuldiging (de)	आरोप (m)	ārop
beschuldigde (de)	मुलज़िम (m)	mulazim
vonnis (het)	निर्णय (m)	nirnay
veroordelen (in een rechtszaak)	निर्णय करना	nirnay karana
schuldige (de)	दोषी (m)	doshī
straffen (ww)	सज़ा देना	saza dena
bestraffing (de)	सज़ा (f)	saza
boete (de)	जुर्माना (m)	jurmāna
levenslange opsluiting (de)	आजीवन करावास (m)	ājīvan karāvās
doodstraf (de)	मृत्युदंड (m)	mrtyudand
elektrische stoel (de)	बिजली की कुर्सी (f)	bijalī kī kursī

Nederlands	Hindi	Transliteratie
schavot (het)	फांसी का तख़्ता (m)	fānsī ka takhta
executeren (ww)	फांसी देना	fānsī dena
executie (de)	मौत की सज़ा (f)	maut kī saza
gevangenis (de)	जेल (f)	jel
cel (de)	जेल का कमरा (m)	jel ka kamara
konvooi (het)	अनुरक्षक दल (m)	anurakshak dal
gevangenisbewaker (de)	जेल का पहरेदार (m)	jel ka paharedār
gedetineerde (de)	क़ैदी (m)	qaidī
handboeien (mv.)	हथकड़ी (f)	hathakarī
handboeien omdoen	हथकड़ी लगाना	hathakarī lagāna
ontsnapping (de)	काराभंग (m)	kārābhang
ontsnappen (ww)	जेल से फ़रार हो जाना	jel se farār ho jāna
verdwijnen (ww)	ग़ायब हो जाना	gāyab ho jāna
vrijlaten (uit de gevangenis)	जेल से आज़ाद होना	jel se āzād hona
amnestie (de)	राजक्षमा (f)	rājakshama
politie (de)	पुलिस (m)	pulis
politieagent (de)	पुलिसवाला (m)	pulisavāla
politiebureau (het)	थाना (m)	thāna
knuppel (de)	रबड़ की लाठी (f)	rabar kī lāthī
megafoon (de)	मेगाफ़ोन (m)	megāfon
patrouilleerwagen (de)	गश्त कार (f)	gasht kār
sirene (de)	साइरन (f)	sairan
de sirene aansteken	साइरन बजाना	sairan bajāna
geloei (het) van de sirene	साइरन की चिल्लाहट (m)	sairan kī chillāhat
plaats delict (de)	घटना स्थल (m)	ghatana sthal
getuige (de)	गवाह (m)	gavāh
vrijheid (de)	आज़ादी (f)	āzādī
handlanger (de)	सह अपराधी (m)	sah aparādhī
ontvluchten (ww)	भाग जाना	bhāg jāna
spoor (het)	निशान (m)	nishān

121. Politie. Wet. Deel 2

Nederlands	Hindi	Transliteratie
opsporing (de)	तफ़्तीश (f)	tafatīsh
opsporen (ww)	तफ़्तीश करना	tafatīsh karana
verdenking (de)	शक (m)	shak
verdacht (bn)	शक करना	shak karana
aanhouden (stoppen)	रोकना	rokana
tegenhouden (ww)	रोक के रखना	rok ke rakhana
strafzaak (de)	मुक़दमा (m)	mukadama
onderzoek (het)	जाँच (f)	jānch
detective (de)	जासूस (m)	jāsūs
onderzoeksrechter (de)	जाँचकर्ता (m)	jānchakartta
versie (de)	अंदाज़ा (m)	andāza
motief (het)	वजह (f)	vajah
verhoor (het)	पूछताछ (f)	pūchhatāchh

ondervragen (door de politie)	पूछताछ करना	pūchhatāchh karana
ondervragen (omstanders ~)	पूछताछ करना	puchhatāchh karana
controle (de)	जाँच (f)	jānch
razzia (de)	घेराव (m)	gherāv
huiszoeking (de)	तलाशी (f)	talāshī
achtervolging (de)	पीछा (m)	pīchha
achtervolgen (ww)	पीछा करना	pīchha karana
opsporen (ww)	खोज निकालना	khoj nikālana
arrest (het)	गिरफ्तारी (f)	giraftārī
arresteren (ww)	गिरफ्तार करना	giraftār karana
vangen, aanhouden (een dief, enz.)	पकड़ना	pakarana
aanhouding (de)	पकड़ (m)	pakar
document (het)	दस्तावेज़ (m)	dastāvez
bewijs (het)	सबूत (m)	sabūt
bewijzen (ww)	साबित करना	sābit karana
voetspoor (het)	पैरों के निशान (m)	pairon ke nishān
vingerafdrukken (mv.)	उंगलियों के निशान (m)	ungaliyon ke nishān
bewijs (het)	सबूत (m)	sabūt
alibi (het)	अन्यत्रता (m)	anyatrata
onschuldig (bn)	बेगुनाह	begunāh
onrecht (het)	अन्याय (m)	anyāy
onrechtvaardig (bn)	अन्यायपूर्ण	anyāyapūrn
crimineel (bn)	आपराधिक	āparādhik
confisqueren (in beslag nemen)	कुर्क करना	kurk karana
drug (de)	अवैध पदार्थ (m)	avaidh padārth
wapen (het)	हथियार (m)	hathiyār
ontwapenen (ww)	निरस्त्र करना	nirastr karana
bevelen (ww)	हुक्म देना	hukm dena
verdwijnen (ww)	गायब होना	gāyab hona
wet (de)	कानून (m)	kānūn
wettelijk (bn)	कानूनी	kānūnī
onwettelijk (bn)	अवैध	avaidh
verantwoordelijkheid (de)	ज़िम्मेदारी (f)	zimmedārī
verantwoordelijk (bn)	ज़िम्मेदार	zimmedār

NATUUR

De Aarde. Deel 1

122. De kosmische ruimte

kosmos (de)	अंतरिक्ष (m)	antariksh
kosmisch (bn)	अंतरिक्षीय	antarikshīy
kosmische ruimte (de)	अंतरिक्ष (m)	antariksh
wereld (de), heelal (het)	ब्रह्माण्ड (m)	brahmānd
sterrenstelsel (het)	आकाशगंगा (f)	ākāshaganga

ster (de)	सितारा (m)	sitāra
sterrenbeeld (het)	नक्षत्र (m)	nakshatr
planeet (de)	ग्रह (m)	grah
satelliet (de)	उपग्रह (m)	upagrah

meteoriet (de)	उल्का पिंड (m)	ulka pind
komeet (de)	पुच्छल तारा (m)	puchchhal tāra
asteroïde (de)	ग्रहिका (f)	grahika

baan (de)	ग्रहपथ (m)	grahapath
draaien (om de zon, enz.)	चक्कर लगना	chakkar lagana
atmosfeer (de)	वातावरण (m)	vātāvaran

Zon (de)	सूरज (m)	sūraj
zonnestelsel (het)	सौर प्रणाली (f)	saur pranālī
zonsverduistering (de)	सूर्य ग्रहण (m)	sūry grahan

Aarde (de)	पृथ्वी (f)	prthvī
Maan (de)	चांद (m)	chānd

Mars (de)	मंगल (m)	mangal
Venus (de)	शुक्र (m)	shukr
Jupiter (de)	बृहस्पति (m)	brhaspati
Saturnus (de)	शनि (m)	shani

Mercurius (de)	बुध (m)	budh
Uranus (de)	अरुण (m)	arun
Neptunus (de)	वरुण (m)	varūn
Pluto (de)	प्लूटो (m)	plūto

Melkweg (de)	आकाश गंगा (f)	ākāsh ganga
Grote Beer (de)	सप्तर्षिमंडल (m)	saptarshimandal
Poolster (de)	ध्रुव तारा (m)	dhruv tāra

marsmannetje (het)	मंगल ग्रह का निवासी (m)	mangal grah ka nivāsī
buitenaards wezen (het)	अन्य नक्षत्र का निवासी (m)	any nakshatr ka nivāsī
bovenaards (het)	अन्य नक्षत्र का निवासी (m)	any nakshatr ka nivāsī

vliegende schotel (de)	उड़न तश्तरी (f)	uran tashtarī
ruimtevaartuig (het)	अंतरिक्ष विमान (m)	antariksh vimān
ruimtestation (het)	अंतरिक्ष अड्डा (m)	antariksh adda
start (de)	चालू करना (m)	chālū karana
motor (de)	इंजन (m)	injan
straalpijp (de)	नोज़ल (m)	nozal
brandstof (de)	ईंधन (m)	īndhan
cabine (de)	केबिन (m)	kebin
antenne (de)	एरियल (m)	eriyal
patrijspoort (de)	विमान गवाक्ष (m)	vimān gavāksh
zonnebatterij (de)	सौर पेनल (m)	saur penal
ruimtepak (het)	अंतरिक्ष पोशाक (m)	antariksh poshāk
gewichtloosheid (de)	भारहीनता (f)	bhārahīnata
zuurstof (de)	आक्सीजन (m)	āksījan
koppeling (de)	डॉकिंग (f)	doking
koppeling maken	डॉकिंग करना	doking karana
observatorium (het)	वेधशाला (m)	vedhashāla
telescoop (de)	दूरबीन (f)	dūrabīn
waarnemen (ww)	देखना	dekhana
exploreren (ww)	जाँचना	jānchana

123. De Aarde

Aarde (de)	पृथ्वी (f)	prthvī
aardbol (de)	गोला (m)	gola
planeet (de)	ग्रह (m)	grah
atmosfeer (de)	वातावरण (m)	vātāvaran
aardrijkskunde (de)	भूगोल (m)	bhūgol
natuur (de)	प्रकृति (f)	prakrti
wereldbol (de)	गोलक (m)	golak
kaart (de)	नक्शा (m)	naksha
atlas (de)	मानचित्रावली (f)	mānachitrāvalī
Europa (het)	यूरोप (m)	yūrop
Azië (het)	एशिया (f)	eshiya
Afrika (het)	अफ्रीका (m)	afrīka
Australië (het)	ऑस्ट्रेलिया (m)	ostreliya
Amerika (het)	अमेरिका (f)	amerika
Noord-Amerika (het)	उत्तरी अमेरिका (f)	uttarī amerika
Zuid-Amerika (het)	दक्षिणी अमेरिका (f)	dakshinī amerika
Antarctica (het)	अंटार्कटिक (m)	antārkatik
Arctis (de)	आर्कटिक (m)	ārkatik

124. Windrichtingen

noorden (het)	उत्तर (m)	uttar
naar het noorden	उत्तर की ओर	uttar kī or
in het noorden	उत्तर में	uttar men
noordelijk (bn)	उत्तरी	uttarī

zuiden (het)	दक्षिण (m)	dakshin
naar het zuiden	दक्षिण की ओर	dakshin kī or
in het zuiden	दक्षिण में	dakshin men
zuidelijk (bn)	दक्षिणी	dakshinī

westen (het)	पश्चिम (m)	pashchim
naar het westen	पश्चिम की ओर	pashchim kī or
in het westen	पश्चिम में	pashchim men
westelijk (bn)	पश्चिमी	pashchimī

oosten (het)	पूर्व (m)	pūrv
naar het oosten	पूर्व की ओर	pūrv kī or
in het oosten	पूर्व में	pūrv men
oostelijk (bn)	पूर्वी	pūrvī

125. Zee. Oceaan

zee (de)	सागर (m)	sāgar
oceaan (de)	महासागर (m)	mahāsāgar
golf (baai)	खाड़ी (f)	khāṛī
straat (de)	जलग्रीवा (m)	jalagrīva

continent (het)	महाद्वीप (m)	mahādvīp
eiland (het)	द्वीप (m)	dvīp
schiereiland (het)	प्रायद्वीप (m)	prāyadvīp
archipel (de)	द्वीप समूह (m)	dvīp samūh

baai, bocht (de)	तट-खाड़ी (f)	tat-khārī
haven (de)	बंदरगाह (m)	bandaragāh
lagune (de)	लैगून (m)	laigūn
kaap (de)	अंतरीप (m)	antarīp

atol (de)	एटोल (m)	etol
rif (het)	रीफ़ (m)	rīf
koraal (het)	प्रवाल (m)	pravāl
koraalrif (het)	प्रवाल रीफ़ (m)	pravāl rīf

diep (bn)	गहरा	gahara
diepte (de)	गहराई (f)	gaharaī
diepzee (de)	रसातल (m)	rasātal
trog (bijv. Marianentrog)	गढ़ा (m)	garha

stroming (de)	धारा (f)	dhāra
omspoelen (ww)	घिरा होना	ghira hona
oever (de)	किनारा (m)	kināra
kust (de)	तटबंध (m)	tatabandh

vloed (de)	ज्वार (m)	jvār
eb (de)	भाटा (m)	bhāta
ondiepte (ondiep water)	रेती (f)	retī
bodem (de)	तला (m)	tala
golf (hoge ~)	तरंग (f)	tarang
golfkam (de)	तरंग शिखर (f)	tarang shikhar
schuim (het)	झाग (m)	jhāg
orkaan (de)	तुफ़ान (m)	tufān
tsunami (de)	सुनामी (f)	sunāmī
windstilte (de)	शांत (m)	shānt
kalm (bijv. ~e zee)	शांत	shānt
pool (de)	ध्रुव (m)	dhruv
polair (bn)	ध्रुवीय	dhruvīy
breedtegraad (de)	अक्षांश (m)	akshānsh
lengtegraad (de)	देशान्तर (m)	deshāntar
parallel (de)	समांतर-रेखा (f)	samāntar-rekha
evenaar (de)	भूमध्य रेखा (f)	bhūmadhy rekha
hemel (de)	आकाश (f)	ākāsh
horizon (de)	क्षितिज (m)	kshitij
lucht (de)	हवा (f)	hava
vuurtoren (de)	प्रकाशस्तंभ (m)	prakāshastambh
duiken (ww)	गोता मारना	gota mārana
zinken (ov. een boot)	डूब जाना	dūb jāna
schatten (mv.)	खज़ाना (m)	khazāna

126. Namen van zeeën en oceanen

Atlantische Oceaan (de)	अटलांटिक महासागर (m)	atalāntik mahāsāgar
Indische Oceaan (de)	हिन्द महासागर (m)	hind mahāsāgar
Stille Oceaan (de)	प्रशांत महासागर (m)	prashānt mahāsāgar
Noordelijke IJszee (de)	उत्तरी ध्रुव महासागर (m)	uttarī dhuv mahāsāgar
Zwarte Zee (de)	काला सागर (m)	kāla sāgar
Rode Zee (de)	लाल सागर (m)	lāl sāgar
Gele Zee (de)	पीला सागर (m)	pīla sāgar
Witte Zee (de)	सफ़ेद सागर (m)	safed sāgar
Kaspische Zee (de)	कैस्पियन सागर (m)	kaispiyan sāgar
Dode Zee (de)	मृत सागर (m)	mrt sāgar
Middellandse Zee (de)	भूमध्य सागर (m)	bhūmadhy sāgar
Egeïsche Zee (de)	ईजियन सागर (m)	ījiyan sāgar
Adriatische Zee (de)	एड्रिएटिक सागर (m)	edrietik sāgar
Arabische Zee (de)	अरब सागर (m)	arab sāgar
Japanse Zee (de)	जापान सागर (m)	jāpān sāgar
Beringzee (de)	बेरिंग सागर (m)	bering sāgar
Zuid-Chinese Zee (de)	दक्षिण चीन सागर (m)	dakshin chīn sāgar

Koraalzee (de)	कोरल सागर (m)	koral sāgar
Tasmanzee (de)	तस्मान सागर (m)	tasmān sāgar
Caribische Zee (de)	करिबियन सागर (m)	karibiyan sāgar

| Barentszzee (de) | बैरेंट्स सागर (m) | bairents sāgar |
| Karische Zee (de) | कारा सागर (m) | kāra sāgar |

Noordzee (de)	उत्तर सागर (m)	uttar sāgar
Baltische Zee (de)	बाल्टिक सागर (m)	bāltik sāgar
Noorse Zee (de)	नार्वे सागर (m)	nārve sāgar

127. Bergen

berg (de)	पहाड़ (m)	pahār
bergketen (de)	पर्वत माला (f)	parvat māla
gebergte (het)	पहाड़ों का सिलसिला (m)	pahāron ka silasila

bergtop (de)	चोटी (f)	chotī
bergpiek (de)	शिखर (m)	shikhar
voet (ov. de berg)	तलहटी (f)	talahatī
helling (de)	ढलान (f)	dhalān

vulkaan (de)	ज्वालामुखी (m)	jvālāmukhī
actieve vulkaan (de)	सक्रिय ज्वालामुखी (m)	sakriy jvālāmukhī
uitgedoofde vulkaan (de)	निष्क्रिय ज्वालामुखी (m)	nishkriy jvālāmukhī

uitbarsting (de)	विस्फोटन (m)	visfotan
krater (de)	ज्वालामुखी का मुख (m)	jvālāmukhī ka mukh
magma (het)	मैग्मा (m)	maigma
lava (de)	लावा (m)	lāva
gloeiend (~e lava)	पिघला हुआ	pighala hua

kloof (canyon)	घाटी (m)	ghātī
bergkloof (de)	तंग घाटी (f)	tang ghātī
spleet (de)	दरार (m)	darār

bergpas (de)	मार्ग (m)	mārg
plateau (het)	पठार (m)	pathār
klip (de)	शिला (f)	shila
heuvel (de)	टीला (m)	tīla

gletsjer (de)	हिमनद (m)	himanad
waterval (de)	झरना (m)	jharana
geiser (de)	उष्ण जल स्रोत (m)	ushn jal srot
meer (het)	तालाब (m)	tālāb

vlakte (de)	समतल प्रदेश (m)	samatal pradesh
landschap (het)	परिदृश्य (m)	paridrshy
echo (de)	गूँज (f)	gūnj

alpinist (de)	पर्वतारोही (m)	parvatārohī
bergbeklimmer (de)	पर्वतारोही (m)	parvatārohī
trotseren (berg ~)	चोटी पर पहुँचना	chotī par pahunchana
beklimming (de)	चढ़ाव (m)	charhāv

128. Bergen namen

Alpen (de)	आल्पस (m)	ālpas
Mont Blanc (de)	मोन्ट ब्लैंक (m)	mont blaink
Pyreneeën (de)	पाइरीनीज़ (f pl)	pairīnīz
Karpaten (de)	कार्पाथियेन्स (m)	kārpāthiyens
Oeralgebergte (het)	यूरल (m)	yūral
Kaukasus (de)	कोकेशिया के पहाड़ (m)	kokeshiya ke pahāṛ
Elbroes (de)	एल्ब्रस पर्वत (m)	elbras parvat
Altaj (de)	अल्टाई पर्वत (m)	altaī parvat
Tiensjan (de)	तियान शान (m)	tiyān shān
Pamir (de)	पामीर पर्वत (m)	pāmīr parvat
Himalaya (de)	हिमालय (m)	himālay
Everest (de)	माउंट एवरेस्ट (m)	maunt evarest
Andes (de)	एंडीज़ (f pl)	endīz
Kilimanjaro (de)	किलीमन्जारो (m)	kilīmanjāro

129. Rivieren

rivier (de)	नदी (f)	nadī
bron (~ van een rivier)	झरना (m)	jharana
rivierbedding (de)	नदी तल (m)	nadī tal
rivierbekken (het)	बेसिन (m)	besin
uitmonden in ...	गिरना	girana
zijrivier (de)	उपनदी (f)	upanadī
oever (de)	तट (m)	tat
stroming (de)	धारा (f)	dhāra
stroomafwaarts (bw)	बहाव के साथ	bahāv ke sāth
stroomopwaarts (bw)	बहाव के विरुद्ध	bahāv ke virūddh
overstroming (de)	बाढ़ (f)	bārh
overstroming (de)	बाढ़ (f)	bārh
buiten zijn oevers treden	उमड़ना	umarana
overstromen (ww)	पानी से भरना	pānī se bharana
zandbank (de)	छिछला पानी (m)	chhichhala pānī
stroomversnelling (de)	तेज़ उतार (m)	tez utār
dam (de)	बांध (m)	bāndh
kanaal (het)	नहर (f)	nahar
spaarbekken (het)	जलाशय (m)	jalāshay
sluis (de)	स्लूस (m)	slūs
waterlichaam (het)	जल स्रोत (m)	jal srot
moeras (het)	दलदल (f)	daladal
broek (het)	दलदल (f)	daladal
draaikolk (de)	भंवर (m)	bhanvar
stroom (de)	झरना (m)	jharana

drink- (abn)	पीने का	pīne ka
zoet (~ water)	ताज़ा	tāza
IJs (het)	बर्फ़ (m)	barf
bevriezen (rivier, enz.)	जम जाना	jam jāna

130. Namen van rivieren

Seine (de)	सीन (f)	sīn
Loire (de)	लॉयर (f)	loyar
Theems (de)	थेम्स (f)	thems
Rijn (de)	राइन (f)	rain
Donau (de)	डेन्यूब (f)	denyūb
Wolga (de)	वोल्गा (f)	volga
Don (de)	डॉन (f)	don
Lena (de)	लेना (f)	lena
Gele Rivier (de)	ह्वांग हे (f)	hvāng he
Blauwe Rivier (de)	यांग्त्ज़ी (f)	yāngtzī
Mekong (de)	मेकांग (f)	mekāng
Ganges (de)	गंगा (f)	ganga
Nijl (de)	नील (f)	nīl
Kongo (de)	कांगो (f)	kāngo
Okavango (de)	ओकावान्गो (f)	okāvāngo
Zambezi (de)	ज़म्बेज़ी (f)	zambezī
Limpopo (de)	लिम्पोपो (f)	limpopo
Mississippi (de)	मिसिसिपी (f)	misisipī

131. Bos

bos (het)	जंगल (m)	jangal
bos- (abn)	जंगली	jangalī
oerwoud (dicht bos)	घना जंगल (m)	ghana jangal
bosje (klein bos)	उपवान (m)	upavān
open plek (de)	खुला छोटा मैदान (m)	khula chhota maidān
struikgewas (het)	झाड़ियाँ (f pl)	jhāriyān
struiken (mv.)	झाड़ियों भरा मैदान (m)	jhāriyon bhara maidān
paadje (het)	फुटपाथ (m)	futapāth
ravijn (het)	नाली (f)	nālī
boom (de)	पेड़ (m)	per
blad (het)	पत्ता (m)	patta
gebladerte (het)	पत्तियाँ (f)	pattiyān
vallende bladeren (mv.)	पतझड़ (m)	patajhar
vallen (ov. de bladeren)	गिरना	girana

boomtop (de)	शिखर (m)	shikhar
tak (de)	टहनी (f)	tahanī
ent (de)	शाखा (f)	shākha
knop (de)	कलिका (f)	kalika
naald (de)	सुई (f)	suī
dennenappel (de)	शंकुफल (m)	shankufal
boom holte (de)	खोखला (m)	khokhala
nest (het)	घोंसला (m)	ghonsala
hol (het)	बिल (m)	bil
stam (de)	तना (m)	tana
wortel (bijv. boom~s)	जड़ (f)	jar
schors (de)	छाल (f)	chhāl
mos (het)	काई (f)	kaī
ontwortelen (een boom)	उखाड़ना	ukhārana
kappen (een boom ~)	काटना	kātana
ontbossen (ww)	जंगल काटना	jangal kātana
stronk (de)	ठूंठ (m)	thūnth
kampvuur (het)	अलाव (m)	alāv
bosbrand (de)	जंगल की आग (f)	jangal kī āg
blussen (ww)	आग बुझाना	āg bujhāna
boswachter (de)	वनरक्षक (m)	vanarakshak
bescherming (de)	रक्षा (f)	raksha
beschermen (bijv. de natuur ~)	रक्षा करना	raksha karana
stroper (de)	चोर शिकारी (m)	chor shikārī
val (de)	फंदा (m)	fanda
plukken (vruchten, enz.)	बटोरना	batorana
verdwalen (de weg kwijt zijn)	रास्ता भूलना	rāsta bhūlana

132. Natuurlijke hulpbronnen

natuurlijke rijkdommen (mv.)	प्राकृतिक संसाधन (m pl)	prākrtik sansādhan
delfstoffen (mv.)	खनिज पदार्थ (m pl)	khanij padārth
lagen (mv.)	तह (f pl)	tah
veld (bijv. olie~)	क्षेत्र (m)	kshetr
winnen (uit erts ~)	खोदना	khodana
winning (de)	खनिकर्म (m)	khanikarm
erts (het)	अयस्क (m)	ayask
mijn (bijv. kolenmijn)	खान (f)	khān
mijnschacht (de)	शैफ्ट (m)	shaifat
mijnwerker (de)	खनिक (m)	khanik
gas (het)	गैस (m)	gais
gasleiding (de)	गैस पाइप लाइन (m)	gais paip lain
olie (aardolie)	पेट्रोल (m)	petrol
olieleiding (de)	तेल पाइप लाइन (m)	tel paip lain

oliebron (de)	तेल का कुँआ (m)	tel ka kuna
boortoren (de)	डेरिक (m)	derik
tanker (de)	टैंकर (m)	tainkar
zand (het)	रेत (m)	ret
kalksteen (de)	चूना पत्थर (m)	chūna patthar
grind (het)	बजरी (f)	bajarī
veen (het)	पीट (m)	pīt
klei (de)	मिट्टी (f)	mittī
steenkool (de)	कोयला (m)	koyala
IJzer (het)	लोहा (m)	loha
goud (het)	सोना (m)	sona
zilver (het)	चाँदी (f)	chāndī
nikkel (het)	गिलट (m)	gilat
koper (het)	ताँबा (m)	tānba
zink (het)	जस्ता (m)	jasta
mangaan (het)	अयस (m)	ayas
kwik (het)	पारा (f)	pāra
lood (het)	सीसा (f)	sīsa
mineraal (het)	खनिज (m)	khanij
kristal (het)	क्रिस्टल (m)	kristal
marmer (het)	संगमरमर (m)	sangamaramar
uraan (het)	यूरेनियम (m)	yūreniyam

De Aarde. Deel 2

133. Weer

weer (het)	मौसम (m)	mausam
weersvoorspelling (de)	मौसम का पूर्वानुमान (m)	mausam ka pūrvānumān
temperatuur (de)	तापमान (m)	tāpamān
thermometer (de)	थर्मामीटर (m)	tharmāmītar
barometer (de)	बैरोमीटर (m)	bairomītar
vochtigheid (de)	नमी (f)	namī
hitte (de)	गरमी (f)	garamī
heet (bn)	गरम	garam
het is heet	गरमी है	garamī hai
het is warm	गरम है	garam hai
warm (bn)	गरम	garam
het is koud	ठंडक है	thandak hai
koud (bn)	ठंडा	thanda
zon (de)	सूरज (m)	sūraj
schijnen (de zon)	चमकना	chamakana
zonnig (~e dag)	धूपदार	dhūpadār
opgaan (ov. de zon)	उगना	ugana
ondergaan (ww)	डूबना	dūbana
wolk (de)	बादल (m)	bādal
bewolkt (bn)	मेघाच्छादित	meghāchchhādit
regenwolk (de)	घना बादल (m)	ghana bādal
somber (bn)	बदली	badalī
regen (de)	बारिश (f)	bārish
het regent	बारिश हो रही है	bārish ho rahī hai
regenachtig (bn)	बरसाती	barasātī
motregenen (ww)	बूंदाबांदी होना	būndābāndī hona
plensbui (de)	मूसलधार बारिश (f)	mūsaladhār bārish
stortbui (de)	मूसलधार बारिश (f)	mūsaladhār bārish
hard (bn)	भारी	bhārī
plas (de)	पोखर (m)	pokhar
nat worden (ww)	भीगना	bhīgana
mist (de)	कुहरा (m)	kuhara
mistig (bn)	कुहरेदार	kuharedār
sneeuw (de)	बर्फ़ (f)	barf
het sneeuwt	बर्फ़ पड़ रही है	barf par rahī hai

134. Zwaar weer. Natuurrampen

noodweer (storm)	गरजवाला तुफ़ान (m)	garajavāla tufān
bliksem (de)	बिजली (m)	bijalī
flitsen (ww)	चमकना	chamakana
donder (de)	गरज (m)	garaj
donderen (ww)	बादल गरजना	bādal garajana
het dondert	बादल गरज रहा है	bādal garaj raha hai
hagel (de)	ओला (m)	ola
het hagelt	ओले पड़ रहे हैं	ole par rahe hain
overstromen (ww)	बाढ़ आ जाना	bārh ā jāna
overstroming (de)	बाढ़ (f)	bārh
aardbeving (de)	भूकंप (m)	bhūkamp
aardschok (de)	झटका (m)	jhataka
epicentrum (het)	अधिकेंद्र (m)	adhikendr
uitbarsting (de)	उद्गार (m)	udgār
lava (de)	लावा (m)	lāva
wervelwind (de)	बवंडर (m)	bavandar
windhoos (de)	टोर्नेडो (m)	tornedo
tyfoon (de)	रतूफ़ान (m)	ratūfān
orkaan (de)	समुद्री तूफ़ान (m)	samudrī tūfān
storm (de)	तुफ़ान (m)	tufān
tsunami (de)	सुनामी (f)	sunāmī
cycloon (de)	चक्रवात (m)	chakravāt
onweer (het)	ख़राब मौसम (m)	kharāb mausam
brand (de)	आग (f)	āg
ramp (de)	प्रलय (m)	pralay
meteoriet (de)	उल्का पिंड (m)	ulka pind
lawine (de)	हिमस्खलन (m)	himaskhalan
sneeuwverschuiving (de)	हिमस्खलन (m)	himaskhalan
sneeuwjacht (de)	बर्फ़ी का तूफ़ान (m)	barf ka tūfān
sneeuwstorm (de)	बर्फ़ीला तूफ़ान (m)	barfila tūfān

Fauna

135. Zoogdieren. Roofdieren

roofdier (het)	परभक्षी (m)	parabhakshī
tijger (de)	बाघ (m)	bāgh
leeuw (de)	शेर (m)	sher
wolf (de)	भेड़िया (m)	bheriya
vos (de)	लोमड़ी (f)	lomri
jaguar (de)	जागुआर (m)	jāguār
luipaard (de)	तेंदुआ (m)	tendua
jachtluipaard (de)	चीता (m)	chīta
panter (de)	काला तेंदुआ (m)	kāla tendua
poema (de)	पहाड़ी बिलाव (m)	pahādī bilāv
sneeuwluipaard (de)	हिम तेंदुआ (m)	him tendua
lynx (de)	वन बिलाव (m)	van bilāv
coyote (de)	कोयोट (m)	koyot
jakhals (de)	गीदड़ (m)	gīdar
hyena (de)	लकड़बग्घा (m)	lakarabaggha

136. Wilde dieren

dier (het)	जानवर (m)	jānavar
beest (het)	जानवर (m)	jānavar
eekhoorn (de)	गिलहरी (f)	gilaharī
egel (de)	कांटा-चूहा (m)	kānta-chūha
haas (de)	खरगोश (m)	kharagosh
konijn (het)	खरगोश (m)	kharagosh
das (de)	बिज्जू (m)	bijjū
wasbeer (de)	रैकून (m)	raikūn
hamster (de)	हैम्स्टर (m)	haimstar
marmot (de)	मारमोट (m)	māramot
mol (de)	छछूंदर (m)	chhachhūndar
muis (de)	चूहा (m)	chūha
rat (de)	घूस (m)	ghūs
vleermuis (de)	चमगादड़ (m)	chamagādar
hermelijn (de)	नेवला (m)	nevala
sabeldier (het)	सेबल (m)	sebal
marter (de)	मारटेन (m)	māraten
wezel (de)	नेवला (m)	nevala
nerts (de)	मिंक (m)	mink

bever (de)	ऊदबिलाव (m)	ūdabilāv
otter (de)	ऊदबिलाव (m)	ūdabilāv
paard (het)	घोड़ा (m)	ghora
eland (de)	मूस (m)	mūs
hert (het)	हिरण (m)	hiran
kameel (de)	ऊंट (m)	ūnt
bizon (de)	बाइसन (m)	baisan
oeros (de)	जंगली बैल (m)	jangalī bail
buffel (de)	भैंस (m)	bhains
zebra (de)	ज़ेबरा (m)	zebara
antilope (de)	मृग (f)	mrg
ree (de)	मृगनी (f)	mrgnī
damhert (het)	चीतल (m)	chītal
gems (de)	शैमी (f)	shaimī
everzwijn (het)	जंगली सुअार (m)	jangalī suār
walvis (de)	ह्वेल (f)	hvel
rob (de)	सील (m)	sīl
walrus (de)	वॉलरस (m)	volaras
zeehond (de)	फर सील (f)	far sīl
dolfijn (de)	डॉलफ़िन (f)	dolafin
beer (de)	रीछ (m)	rīchh
IJsbeer (de)	सफ़ेद रीछ (m)	safed rīchh
panda (de)	पांडा (m)	pānda
aap (de)	बंदर (m)	bandar
chimpansee (de)	वनमानुष (m)	vanamānush
orang-oetan (de)	वनमानुष (m)	vanamānush
gorilla (de)	गोरिला (m)	gorila
makaak (de)	अफ़ूकैन लंगूर (m)	afrikan langūr
gibbon (de)	गिब्बन (m)	gibban
olifant (de)	हाथी (m)	hāthī
neushoorn (de)	गैंडा (m)	gainda
giraffe (de)	जिराफ़ (m)	jirāf
nijlpaard (het)	दरियाई घोड़ा (m)	dariyaī ghora
kangoeroe (de)	कंगारू (m)	kangārū
koala (de)	कोआला (m)	koāla
mangoest (de)	नेवला (m)	nevala
chinchilla (de)	चिनचीला (f)	chinachīla
stinkdier (het)	स्कंक (m)	skank
stekelvarken (het)	शल्यक (f)	shalyak

137. Huisdieren

poes (de)	बिल्ली (f)	billī
kater (de)	बिल्ला (m)	billa
hond (de)	कुत्ता (m)	kutta

paard (het)	घोड़ा (m)	ghora
hengst (de)	घोड़ा (m)	ghora
merrie (de)	घोड़ी (f)	ghorī
koe (de)	गाय (f)	gāy
stier (de)	बैल (m)	bail
os (de)	बैल (m)	bail
schaap (het)	भेड़ (f)	bher
ram (de)	भेड़ा (m)	bhera
geit (de)	बकरी (f)	bakarī
bok (de)	बकरा (m)	bakara
ezel (de)	गधा (m)	gadha
muilezel (de)	खच्चर (m)	khachchar
varken (het)	सुअर (m)	suar
biggetje (het)	घेंटा (m)	ghenta
konijn (het)	खरगोश (m)	kharagosh
kip (de)	मुर्गी (f)	murgī
haan (de)	मुर्गा (m)	murga
eend (de)	बत्तख़ (f)	battakh
woerd (de)	नर बत्तख़ (m)	nar battakh
gans (de)	हंस (m)	hans
kalkoen haan (de)	नर टर्की (m)	nar tarkī
kalkoen (de)	टर्की (f)	tarkī
huisdieren (mv.)	घरेलू पशु (m pl)	gharelū pashu
tam (bijv. hamster)	पालतू	pālatū
temmen (tam maken)	पालतू बनाना	pālatū banāna
fokken (bijv. paarden ~)	पालना	pālana
boerderij (de)	खेत (m)	khet
gevogelte (het)	मुर्गी पालन (f)	murgī pālan
rundvee (het)	मवेशी (m)	maveshī
kudde (de)	पशु समूह (m)	pashu samūh
paardenstal (de)	अस्तबल (m)	astabal
zwijnenstal (de)	सूअरखाना (m)	sūarakhāna
koeienstal (de)	गोशाला (f)	goshāla
konijnenhok (het)	खरगोश का दरबा (m)	kharagosh ka daraba
kippenhok (het)	मुर्गीखाना (m)	murgīkhāna

138. Vogels

vogel (de)	चिड़िया (f)	chiriya
duif (de)	कबूतर (m)	kabūtar
mus (de)	गौरैया (f)	gauraiya
koolmees (de)	टिटरी (f)	titarī
ekster (de)	नीलकण्ठ पक्षी (f)	nīlakanth pakshī
raaf (de)	काला कौआ (m)	kāla kaua

kraai (de)	कौआ (m)	kaua
kauw (de)	कौआ (m)	kaua
roek (de)	कौआ (m)	kaua
eend (de)	बत्तख़ (f)	battakh
gans (de)	हंस (m)	hans
fazant (de)	तीतर (m)	tītar
arend (de)	चील (f)	chīl
havik (de)	बाज़ (m)	bāz
valk (de)	बाज़ (m)	bāz
gier (de)	गिद्ध (m)	giddh
condor (de)	कॉन्डोर (m)	kondor
zwaan (de)	राजहंस (m)	rājahans
kraanvogel (de)	सारस (m)	sāras
ooievaar (de)	लकलक (m)	lakalak
papegaai (de)	तोता (m)	tota
kolibrie (de)	हमिंग बर्ड (f)	haming bard
pauw (de)	मोर (m)	mor
struisvogel (de)	शुतुरमुर्ग़ (m)	shuturamurg
reiger (de)	बगुला (m)	bagula
flamingo (de)	फ्लेमिन्गो (m)	flemingo
pelikaan (de)	हवासिल (m)	havāsil
nachtegaal (de)	बुलबुल (m)	bulabul
zwaluw (de)	अबाबील (f)	abābīl
lijster (de)	मुखव्रण (f)	mukhavran
zanglijster (de)	मुखव्रण (f)	mukhavran
merel (de)	ब्लैकबर्ड (m)	blaikabard
gierzwaluw (de)	बतासी (f)	batāsī
leeuwerik (de)	भरत (m)	bharat
kwartel (de)	वर्तक (m)	varttak
specht (de)	कठफोड़ा (m)	kathafora
koekoek (de)	कोयल (f)	koyal
uil (de)	उल्लू (m)	ullū
oehoe (de)	गरुड़ उल्लू (m)	garūr ullū
auerhoen (het)	तीतर (m)	tītar
korhoen (het)	काला तीतर (m)	kāla tītar
patrijs (de)	चकोर (m)	chakor
spreeuw (de)	तिलिया (f)	tiliya
kanarie (de)	कनारी (f)	kanārī
hazelhoen (het)	पिंगल तीतर (m)	pingal tītar
vink (de)	फ़िंच (m)	finch
goudvink (de)	बुलफ़िंच (m)	bulafinch
meeuw (de)	गंगा-चिल्ली (f)	ganga-chillī
albatros (de)	अल्बात्रोस (m)	albātros
pinguïn (de)	पेंगुइन (m)	penguin

139. Vis. Zeedieren

brasem (de)	ब्रीम (f)	brīm
karper (de)	कार्प (f)	kārp
baars (de)	पर्च (f)	parch
meerval (de)	कैटफ़िश (f)	kaitafish
snoek (de)	पाइक (f)	paik
zalm (de)	सैल्मन (f)	sailman
steur (de)	स्टर्जन (f)	starjan
haring (de)	हेरिंग (f)	hering
atlantische zalm (de)	अटलांटिक सैल्मन (f)	atalāntik sailman
makreel (de)	मार्कैल (f)	mākrail
platvis (de)	फ्लैटफ़िश (f)	flaitafish
snoekbaars (de)	पाइक पर्च (f)	paik parch
kabeljauw (de)	कॉड (f)	kod
tonijn (de)	टूना (f)	tūna
forel (de)	ट्राउट (f)	traut
paling (de)	सर्पमीन (f)	sarpamīn
sidderrog (de)	विद्युत शंकुश (f)	vidyut shankush
murene (de)	मोरे सर्पमीन (f)	more sarpamīn
piranha (de)	पिरान्हा (f)	pirānha
haai (de)	शार्क (f)	shārk
dolfijn (de)	डॉलफ़िन (f)	dolafin
walvis (de)	ह्वेल (f)	hvel
krab (de)	केकड़ा (m)	kekara
kwal (de)	जेली फ़िश (f)	jelī fish
octopus (de)	आक्टोपस (m)	āktopas
zeester (de)	स्टार फ़िश (f)	stār fish
zee-egel (de)	जलसाही (f)	jalasāhī
zeepaardje (het)	समुद्री घोड़ा (m)	samudrī ghora
oester (de)	कस्तूरा (m)	kastūra
garnaal (de)	झींगा (f)	jhīnga
kreeft (de)	लॉब्सटर (m)	lobsatar
langoest (de)	स्पाइनी लॉब्सटर (m)	spainī lobsatar

140. Amfibieën. Reptielen

slang (de)	सर्प (m)	sarp
giftig (slang)	विषैला	vishaila
adder (de)	वाइपर (m)	vaipar
cobra (de)	नाग (m)	nāg
python (de)	अजगर (m)	ajagar
boa (de)	अजगर (m)	ajagar
ringslang (de)	साँप (f)	sānp

ratelslang (de)	रैटल सर्प (m)	raital sarp
anaconda (de)	एनाकोन्डा (f)	enākonda
hagedis (de)	छिपकली (f)	chhipakalī
leguaan (de)	इग्युएना (m)	igyūena
varaan (de)	मॉनिटर छिपकली (f)	monitar chhipakalī
salamander (de)	सैलामैंडर (m)	sailāmaindar
kameleon (de)	गिरगिट (m)	giragit
schorpioen (de)	वृश्चिक (m)	vrshchik
schildpad (de)	कछुआ (m)	kachhua
kikker (de)	मेंढक (m)	mendhak
pad (de)	भेक (m)	bhek
krokodil (de)	मगर (m)	magar

141. Insecten

insect (het)	कीट (m)	kīt
vlinder (de)	तितली (f)	titalī
mier (de)	चींटी (f)	chīntī
vlieg (de)	मक्खी (f)	makkhī
mug (de)	मच्छर (m)	machchhar
kever (de)	भृंग (m)	bhrng
wesp (de)	हड्डा (m)	hadda
bij (de)	मधुमक्खी (f)	madhumakkhī
hommel (de)	भंवरा (m)	bhanvara
horzel (de)	गोमक्खी (f)	gomakkhī
spin (de)	मकड़ी (f)	makarī
spinnenweb (het)	मकड़ी का जाल (m)	makarī ka jāl
libel (de)	व्याध-पतंग (m)	vyādh-patang
sprinkhaan (de)	टिड्डा (m)	tidda
nachtvlinder (de)	पतंगा (m)	patanga
kakkerlak (de)	तिलचट्टा (m)	tilachatta
mijt (de)	जुँआ (m)	juna
vlo (de)	पिस्सू (m)	pissū
kriebelmug (de)	भुनगा (m)	bhunaga
treksprinkhaan (de)	टिड्डी (f)	tiddī
slak (de)	घोंघा (m)	ghongha
krekel (de)	झींगुर (m)	jhīngur
glimworm (de)	जुगनू (m)	juganū
lieveheersbeestje (het)	सोनपंखी (f)	sonapankhī
meikever (de)	कोकचाफ़ (m)	kokachāf
bloedzuiger (de)	जोंक (m)	jok
rups (de)	इल्ली (f)	illī
aardworm (de)	केंचुआ (m)	kenchua
larve (de)	कीटडिंभ (m)	kītadimbh

Flora

142. Bomen

Nederlands	Hindi	Transliteratie
boom (de)	पेड़ (m)	per
loof- (abn)	पर्णपाती	parnapātī
dennen- (abn)	शंकुधर	shankudhar
groenblijvend (bn)	सदाबहार	sadābahār
appelboom (de)	सेब वृक्ष (m)	seb vrksh
perenboom (de)	नाशपाती का पेड़ (m)	nāshpātī ka per
kers (de)	चेरी का पेड़ (f)	cherī ka per
pruimelaar (de)	आलूबुख़ारे का पेड़ (m)	ālūbukhāre ka per
berk (de)	सनोबर का पेड़ (m)	sanobar ka per
eik (de)	बलूत (m)	balūt
linde (de)	लिनडेन वृक्ष (m)	linaden vrksh
esp (de)	आस्पेन वृक्ष (m)	āspen vrksh
esdoorn (de)	मेपल (m)	mepal
spar (de)	फर का पेड़ (m)	far ka per
den (de)	देवदार (m)	devadār
lariks (de)	लार्च (m)	lārch
zilverspar (de)	फर (m)	far
ceder (de)	देवदर (m)	devadar
populier (de)	पोप्लर वृक्ष (m)	poplar vrksh
lijsterbes (de)	रोवाण (m)	rovān
wilg (de)	विलो (f)	vilo
els (de)	आल्डर वृक्ष (m)	āldar vrksh
beuk (de)	बीच (m)	bīch
iep (de)	एल्म वृक्ष (m)	elm vrksh
es (de)	एश-वृक्ष (m)	esh-vrksh
kastanje (de)	चेस्टनट (m)	chestanat
magnolia (de)	मैग्नोलिया (f)	maiganoliya
palm (de)	ताड़ का पेड़ (m)	tār ka per
cipres (de)	सरो (m)	saro
mangrove (de)	मैनग्रोव (m)	mainagrov
baobab (apenbroodboom)	गोरक्षी (m)	gorakshī
eucalyptus (de)	यूकेलिप्टस (m)	yūkeliptas
mammoetboom (de)	सेकोइया (f)	sekoiya

143. Heesters

Nederlands	Hindi	Transliteratie
struik (de)	झाड़ी (f)	jhārī
heester (de)	झाड़ी (f)	jhārī

wijnstok (de)	अंगूर की बेल (f)	angūr kī bel
wijngaard (de)	अंगूर का बाग़ (m)	angūr ka bāg
frambozenstruik (de)	रास्पबेरी की झाड़ी (f)	rāspaberī kī jhārī
rode bessenstruik (de)	लाल करेंट की झाड़ी (f)	lāl karent kī jhārī
kruisbessenstruik (de)	गूज़बेरी की झाड़ी (f)	gūzaberī kī jhārī
acacia (de)	ऐकेशिय (m)	aikeshiy
zuurbes (de)	बारबेरी झाड़ी (f)	bāraberī jhārī
jasmijn (de)	चमेली (f)	chamelī
jeneverbes (de)	जूनिपर (m)	jūnipar
rozenstruik (de)	गुलाब की झाड़ी (f)	gulāb kī jhārī
hondsroos (de)	जंगली गुलाब (m)	jangalī gulāb

144. Vruchten. Bessen

vrucht (de)	फल (m)	fal
vruchten (mv.)	फल (m pl)	fal
appel (de)	सेब (m)	seb
peer (de)	नाशपाती (f)	nāshpātī
pruim (de)	आलूबुखारा (m)	ālūbukhāra
aardbei (de)	स्ट्रॉबेरी (f)	stroberī
kers (de)	चेरी (f)	cherī
druif (de)	अंगूर (m)	angūr
framboos (de)	रास्पबेरी (f)	rāspaberī
zwarte bes (de)	काली करेंट (f)	kālī karent
rode bes (de)	लाल करेंट (f)	lāl karent
kruisbes (de)	गूज़बेरी (f)	gūzaberī
veenbes (de)	क्रैनबेरी (f)	krenaberī
sinaasappel (de)	संतरा (m)	santara
mandarijn (de)	नारंगी (f)	nārangī
ananas (de)	अनानास (m)	anānās
banaan (de)	केला (m)	kela
dadel (de)	खजूर (m)	khajūr
citroen (de)	नींबू (m)	nīmbū
abrikoos (de)	खूबानी (f)	khūbānī
perzik (de)	आड़ू (m)	ārū
kiwi (de)	चीकू (m)	chīkū
grapefruit (de)	ग्रेपफ्रूट (m)	grepafrūt
bes (de)	बेरी (f)	berī
bessen (mv.)	बेरियां (f pl)	beriyān
vossenbes (de)	काओबेरी (f)	kaoberī
bosaardbei (de)	जंगली स्ट्रॉबेरी (f)	jangalī stroberī
bosbes (de)	बिलबेरी (f)	bilaberī

145. Bloemen. Planten

bloem (de)	फूल (m)	fūl
boeket (het)	गुलदस्ता (m)	guladasta
roos (de)	गुलाब (f)	gulāb
tulp (de)	ट्यूलिप (m)	tyūlip
anjer (de)	गुलनार (m)	gulanār
gladiool (de)	ग्लेडियोलस (m)	glediyolas
korenbloem (de)	नीलकूपी (m)	nīlakūpī
klokje (het)	ब्लूबेल (m)	blūbel
paardenbloem (de)	कुकरौंधा (m)	kukaraundha
kamille (de)	कैमोमाइल (m)	kaimomail
aloë (de)	मुसब्बर (m)	musabbar
cactus (de)	कैक्टस (m)	kaiktas
ficus (de)	रबड़ का पौधा (m)	rabar ka paudha
lelie (de)	कुमुदिनी (f)	kumudinī
geranium (de)	जेरानियम (m)	jeraniyam
hyacint (de)	हायसिंथ (m)	hāyasinth
mimosa (de)	मिमोसा (m)	mimosa
narcis (de)	नरगिस (f)	naragis
Oostindische kers (de)	नस्टाशयम (m)	nastāshayam
orchidee (de)	आर्किड (m)	ārkid
pioenroos (de)	पियोनी (m)	piyonī
viooltje (het)	वॉयलेट (m)	voyalet
driekleurig viooltje (het)	पैंज़ी (m pl)	painzī
vergeet-mij-nietje (het)	फगेंट मी नाट (m)	fargent mī nāt
madeliefje (het)	गुलबहार (f)	gulabahār
papaver (de)	खशखाश (m)	khashakhāsh
hennep (de)	भांग (f)	bhāng
munt (de)	पुदीना (m)	pudīna
lelietje-van-dalen (het)	कामुदिनी (f)	kāmudinī
sneeuwklokje (het)	सफ़ेद फूल (m)	safed fūl
brandnetel (de)	बिच्छू बूटी (f)	bichchhū būtī
veldzuring (de)	सोरेल (m)	sorel
waterlelie (de)	कुमुदिनी (f)	kumudinī
varen (de)	फर्न (m)	farn
korstmos (het)	शैवाक (m)	shaivāk
oranjerie (de)	शीशाघर (m)	shīshāghar
gazon (het)	घास का मैदान (m)	ghās ka maidān
bloemperk (het)	फुलवारी (f)	fulavārī
plant (de)	पौधा (m)	paudha
gras (het)	घास (f)	ghās
grasspriet (de)	तिनका (m)	tinaka

blad (het)	पत्ती (f)	pattī
bloemblad (het)	पंखड़ी (f)	pankharī
stengel (de)	डंडी (f)	dandī
knol (de)	कंद (m)	kand
scheut (de)	अंकुर (m)	ankur
doorn (de)	काँटा (m)	kānta
bloeien (ww)	खिलना	khilana
verwelken (ww)	मुरझाना	murajhāna
geur (de)	बू (m)	bū
snijden (bijv. bloemen ~)	काटना	kātana
plukken (bloemen ~)	तोड़ना	torana

146. Granen, graankorrels

graan (het)	दाना (m)	dāna
graangewassen (mv.)	अनाज की फ़सलें (m pl)	anāj kī fasalen
aar (de)	बाल (f)	bāl
tarwe (de)	गेहूं (m)	gehūn
rogge (de)	रई (f)	raī
haver (de)	जई (f)	jaī
gierst (de)	बाजरा (m)	bājara
gerst (de)	जौ (m)	jau
maïs (de)	मक्का (m)	makka
rijst (de)	चावल (m)	chāval
boekweit (de)	मोथी (m)	mothī
erwt (de)	मटर (m)	matar
boon (de)	राजमा (f)	rājama
soja (de)	सोया (m)	soya
linze (de)	दाल (m)	dāl
bonen (mv.)	फली (f pl)	falī

LANDEN. NATIONALITEITEN

147. West-Europa

Europa (het)	यूरोप (m)	yūrop
Europese Unie (de)	यूरोपीय संघ (m)	yūropīy sangh

Oostenrijk (het)	ऑस्ट्रिया (m)	ostriya
Groot-Brittannië (het)	ग्रेट ब्रिटेन (m)	gret briten
Engeland (het)	इंग्लैंड (m)	inglaind
België (het)	बेल्जियम (m)	beljiyam
Duitsland (het)	जर्मन (m)	jarman

Nederland (het)	नीदरलैंड्स (m)	nīdaralainds
Holland (het)	हॉलैंड (m)	holaind
Griekenland (het)	ग्रीस (m)	grīs
Denemarken (het)	डेन्मार्क (m)	denmārk
Ierland (het)	आयरलैंड (m)	āyaralaind
IJsland (het)	आयसलैंड (m)	āyasalaind

Spanje (het)	स्पेन (m)	spen
Italië (het)	इटली (m)	italī
Cyprus (het)	साइप्रस (m)	saipras
Malta (het)	माल्टा (m)	mālta

Noorwegen (het)	नार्वे (m)	nārve
Portugal (het)	पुर्तगाल (m)	purtagāl
Finland (het)	फिनलैंड (m)	finalaind
Frankrijk (het)	फ्रांस (m)	frāns

Zweden (het)	स्वीडन (m)	svīdan
Zwitserland (het)	स्विट्ज़रलैंड (m)	svitzaralaind
Schotland (het)	स्कॉटलैंड (m)	skotalaind

Vaticaanstad (de)	वेटिकन (m)	vetikan
Liechtenstein (het)	लिकटेंस्टीन (m)	likatenstīn
Luxemburg (het)	लक्ज़मबर्ग (m)	lakzamabarg
Monaco (het)	मोनाको (m)	monāko

148. Centraal- en Oost-Europa

Albanië (het)	अल्बानिया (m)	albāniya
Bulgarije (het)	बुल्गारिया (m)	bulgāriya
Hongarije (het)	हंगरी (m)	hangarī
Letland (het)	लाटविया (m)	lātaviya

Litouwen (het)	लिथुआनिया (m)	lithuāniya
Polen (het)	पोलैंड (m)	polaind

Roemenië (het)	रोमानिया (m)	romāniya
Servië (het)	सर्बिया (m)	sarbiya
Slowakije (het)	स्लोवाकिया (m)	slovākiya
Kroatië (het)	क्रोएशिया (m)	kroeshiya
Tsjechië (het)	चेक गणतंत्र (m)	chek ganatantr
Estland (het)	एस्तोनिया (m)	estoniya
Bosnië en Herzegovina (het)	बोस्निया और हर्ज़ेगोविना	bosniya aur harzegovina
Macedonië (het)	मेसेडोनिया (m)	mesedoniya
Slovenië (het)	स्लोवेनिया (m)	sloveniya
Montenegro (het)	मोंटेनेग्रो (m)	montenegro

149. Voormalige USSR landen

Azerbeidzjan (het)	आज़रबाइजान (m)	āzarabaijān
Armenië (het)	आर्मीनिया (m)	ārmīniya
Wit-Rusland (het)	बेलारूस (m)	belārūs
Georgië (het)	जॉर्जिया (m)	jorjiya
Kazakstan (het)	कज़ाकस्तान (m)	kazākastān
Kirgizië (het)	किर्गीज़िया (m)	kirgīziya
Moldavië (het)	मोलदोवा (m)	moladova
Rusland (het)	रूस (m)	rūs
Oekraïne (het)	यूक्रेन (m)	yūkren
Tadzjikistan (het)	ताजिकिस्तान (m)	tājikistān
Turkmenistan (het)	तुर्कमानिस्तान (m)	turkamānistān
Oezbekistan (het)	उज़्बेकिस्तान (m)	uzbekistān

150. Azië

Azië (het)	एशिया (f)	eshiya
Vietnam (het)	वियतनाम (m)	viyatanām
India (het)	भारत (m)	bhārat
Israël (het)	इसायल (m)	isrāyal
China (het)	चीन (m)	chīn
Libanon (het)	लेबनान (m)	lebanān
Mongolië (het)	मंगोलिया (m)	mangoliya
Maleisië (het)	मलेशिया (m)	maleshiya
Pakistan (het)	पाकिस्तान (m)	pākistān
Saoedi-Arabië (het)	सऊदी अरब (m)	saūdī arab
Thailand (het)	थाईलैंड (m)	thaīlaind
Taiwan (het)	ताइवान (m)	taivān
Turkije (het)	तुर्की (m)	turkī
Japan (het)	जापान (m)	jāpān
Afghanistan (het)	अफ़ग़ानिस्तान (m)	afagānistān
Bangladesh (het)	बांग्लादेश (m)	bānglādesh

Indonesië (het)	इण्डोनेशिया (m)	indoneshiya
Jordanië (het)	जॉर्डन (m)	jordan
Irak (het)	इराक़ (m)	irāq
Iran (het)	इरान (m)	irān
Cambodja (het)	कम्बोडिया (m)	kambodiya
Koeweit (het)	कुवैत (m)	kuvait
Laos (het)	लाओस (m)	laos
Myanmar (het)	म्यांमर (m)	myāmmar
Nepal (het)	नेपाल (m)	nepāl
Verenigde Arabische Emiraten	संयुक्त अरब अमीरात (m)	sanyukt arab amīrāt
Syrië (het)	सीरिया (m)	sīriya
Palestijnse autonomie (de)	फिलिस्तीन (m)	filistīn
Zuid-Korea (het)	दक्षिण कोरिया (m)	dakshin koriya
Noord-Korea (het)	उत्तर कोरिया (m)	uttar koriya

151. Noord-Amerika

Verenigde Staten van Amerika	संयुक्त राज्य अमरीका (m)	sanyukt rājy amarīka
Canada (het)	कनाडा (m)	kanāda
Mexico (het)	मेक्सिको (m)	meksiko

152. Midden- en Zuid-Amerika

Argentinië (het)	अर्जेंटीना (m)	arjentīna
Brazilië (het)	ब्राज़ील (m)	brāzīl
Colombia (het)	कोलम्बिया (m)	kolambiya
Cuba (het)	क्यूबा (m)	kyūba
Chili (het)	चिली (m)	chilī
Bolivia (het)	बोलीविया (m)	bolīviya
Venezuela (het)	वेनेज़ुएला (m)	venezuela
Paraguay (het)	परागुआ (m)	parāgua
Peru (het)	पेरू (m)	perū
Suriname (het)	सूरीनाम (m)	sūrīnām
Uruguay (het)	उरुग्वे (m)	urugve
Ecuador (het)	इक्वेडोर (m)	ikvedor
Bahama's (mv.)	बहामा (m)	bahāma
Haïti (het)	हाइटी (m)	haitī
Dominicaanse Republiek (de)	डोमिनिकन रिपब्लिक (m)	dominikan ripablik
Panama (het)	पनामा (m)	panāma
Jamaica (het)	जमैका (m)	jamaika

153. Afrika

Egypte (het)	मिस्र (m)	misr
Marokko (het)	मोरक्को (m)	morakko
Tunesië (het)	ट्युनीसिया (m)	tyunīsiya
Ghana (het)	घाना (m)	ghāna
Zanzibar (het)	ज़ैंज़िबार (m)	zainzibār
Kenia (het)	केन्या (m)	kenya
Libië (het)	लीबिया (m)	lībiya
Madagaskar (het)	मडागास्कार (m)	madāgāskār
Namibië (het)	नामीबिया (m)	nāmībiya
Senegal (het)	सेनेगाल (m)	senegāl
Tanzania (het)	तंज़ानिया (m)	tanzāniya
Zuid-Afrika (het)	दक्षिण अफ्रीका (m)	dakshin afrīka

154. Australië. Oceanië

Australië (het)	आस्ट्रेलिया (m)	āstreliya
Nieuw-Zeeland (het)	न्यू ज़ीलैंड (m)	nyū zīlaind
Tasmanië (het)	तास्मानिया (m)	tāsmāniya
Frans-Polynesië	फ्रेंच पॉलीनेशिया (m)	french polīneshiya

155. Steden

Amsterdam	एम्स्टर्डम (m)	emstardam
Ankara	अंकारा (m)	ankāra
Athene	एथेन्स (m)	ethens
Bagdad	बगदाद (m)	bagadād
Bangkok	बैंकॉक (m)	bainkok
Barcelona	बार्सिलोना (m)	bārsilona
Beiroet	बेरूत (m)	berūt
Berlijn	बर्लिन (m)	barlin
Boedapest	बुडापेस्ट (m)	budāpest
Boekarest	बुख़ारेस्ट (m)	bukhārest
Bombay, Mumbai	मुम्बई (m)	mumbī
Bonn	बॉन (m)	bon
Bordeaux	बोर्दो (m)	bordo
Bratislava	ब्राटीस्लावा (m)	brātīslāva
Brussel	ब्रसेल्स (m)	brasels
Caïro	काहिरा (m)	kāhira
Calcutta	कोलकाता (m)	kolakāta
Chicago	शिकागो (m)	shikāgo
Dar Es Salaam	दार-एस-सलाम (m)	dār-es-salām
Delhi	दिल्ली (f)	dillī
Den Haag	हेग (m)	heg

Dubai	दुबई (m)	dubī
Dublin	डब्लिन (m)	dablin
Düsseldorf	डसेलडोर्फ़ (m)	daseladorf
Florence	फ़्लोरेंस (m)	florens
Frankfort	फ्रैंकफर्ट (m)	frainkfart
Genève	जेनेवा (m)	jeneva
Hamburg	हैम्बर्ग (m)	haimbarg
Hanoi	हनोई (m)	hanoī
Havana	हवाना (m)	havāna
Helsinki	हेलसिंकी (m)	helasinkī
Hiroshima	हिरोशीमा (m)	hiroshīma
Hongkong	हांगकांग (m)	hāngakāng
Istanbul	इस्तांबुल (m)	istāmbul
Jeruzalem	यरूशालम (m)	yarūshalam
Kiev	कीव (m)	kīv
Kopenhagen	कोपनहेगन (m)	kopanahegan
Kuala Lumpur	कुआला लुम्पुर (m)	kuāla lumpur
Lissabon	लिस्बन (m)	lisban
Londen	लंदन (m)	landan
Los Angeles	लॉस एंजेलेस (m)	los enjeles
Lyon	लिओन (m)	lion
Madrid	मेड्रिड (m)	medrid
Marseille	मार्सेल (m)	mārsel
Mexico-Stad	मेक्सिको सिटी (f)	meksiko sitī
Miami	मियामी (m)	miyāmī
Montreal	मांट्रियल (m)	māntriyal
Moskou	मॉस्को (m)	mosko
München	म्यूनिख़ (m)	myūnikh
Nairobi	नैरोबी (m)	nairobī
Napels	नेपल्स (m)	nepals
New York	न्यू यॉर्क (m)	nyū york
Nice	नीस (m)	nīs
Oslo	ओस्लो (m)	oslo
Ottawa	ओटावा (m)	otāva
Parijs	पेरिस (m)	peris
Peking	बीजिंग (m)	bījing
Praag	प्राग (m)	prāg
Rio de Janeiro	रिओ डे जैनेरो (m)	rio de jainero
Rome	रोम (m)	rom
Seoel	सियोल (m)	siyol
Singapore	सिंगापुर (m)	singāpur
Sint-Petersburg	सेंट पीटरस्बर्ग (m)	sent pītarasbarg
Sjanghai	शंघाई (m)	shanghaī
Stockholm	स्टॉकहोम (m)	stokahom
Sydney	सिडनी (m)	sidanī
Taipei	ताइपे (m)	taipe
Tokio	टोकियो (m)	tokiyo
Toronto	टोरोन्टो (m)	toronto

Venetië	वीनिस (m)	vīnis
Warschau	वॉरसॉं (m)	voraso
Washington	वॉशिंग्टन (m)	voshingtan
Wenen	विएना (m)	viena

www.ingramcontent.com/pod-product-compliance
Lightning Source LLC
Chambersburg PA
CBHW070556050426
42450CB00011B/2895